TOSKANA

MAUREEN ASHLEY

TOSKANA

Zu Produzenten und Sehenswürdigkeiten

HUGH JOHNSONS WEINREISEN

Hallwag Verlag Bern und Stuttgart

Inhalt

Die englische Originalausgabe ist unter dem Titel «Touring in Wine Country Tuscany» im Verlag Mitchell Beazley (Teil der Verlagsgruppe Reed Consumer Books Limited), London, erschienen.

First published in 1996

Übersetzung: Hans-Ulrich Möhring und Peter Gillhofer, München
Redaktion und Lektorat der deutschen Ausgabe: Werkstatt Gillhofer, München
Ortsverzeichnis: Sally Chorley
Index: Angie Hipkin
Satz: Heri Bettinger und Attila Sirman, Werkstatt Gillhofer
Schutzumschlag: Robert Buchmüller
Produced by Mandarin Offset
Printed in Hong Kong

3. Auflage, 1997

ISBN 3-444-10461-8

Hallwag

MOSAICO

Vorwort

Woher kommt es, daß der Wein, wenn man ihn im Keller seiner Entstehung (oder auch nur in seiner Herkunftsregion) probiert, einen Zauber, eine Verve und eine Kraft ausstrahlt, die man nicht mehr vergißt?

Man könnte rationale Gründe dafür anführen: der lange Transport, bis er schließlich im Supermarktregal landet, bleibt sicher nicht ohne Wirkung auf ein lebendiges Geschöpf – und Wein lebt ja tatsächlich, dementsprechend empfindlich ist er auch.

Naheliegender aber sind emotionale Gründe: die Assoziationen, die Atmosphäre und die Gerüche im Keller, die Begeisterung des Winzers, der zwischen den Fässern hin und her huscht...

Kein Wunder, daß Weinreisen für viele die bevorzugte Urlaubsform darstellen. Sie sind zweifellos die beste Möglichkeit, um einen Wein besser verstehen zu können. Sei es, um seine Landschaft und seinen Anbau kennenzulernen, oder tiefer in die Geheimnisse seines *terroir* und in die verschiedenen Philosophien seiner Erzeuger einzudringen.

Es gibt weintheoretische Werke, illustrierte Weinbücher, Weinwälzer zum raschen Nachschlagen, ja sogar önologische Pop-up-Bücher. Mit dieser Reihe aber geben wir dem Weintouristen einen exakten, detaillierten und zweckmäßigen Führer an die Hand, mit dem er durch die ergiebigsten Regionen streifen kann, um seinen Lieblingstropfen zu finden und Erinnerungsstücke zu sammeln. Die Flaschen, die Sie selbst entdecken, sind ein Stück Ihres ureigenen Erfahrungsschatzes.

Hugh Johnson

Einführung

Wer sich durch das Überangebot an künstlerischen Wunderwerken in Florenz sinnlich übersättigt fuhlt, leidet, sagt man, am Stendhal-Syndrom. Es ist jedenfalls unmöglich, die Region zu bereisen und von ihrer Lieblichkeit, ihrer Wildheit, ihren Formen, Farben und Panoramen unbeeindruckt zu bleiben. Ihre Vielfalt ist zauberhaft: Pinienwälder gehen über in Weizenfelder, Olivenhaine und Landhäuser, und dazwischen Reihe um Reihe sorgsam gepflegter Reben. In Verbindung mit gutem Essen, gutem Wein und der heiteren Geselligkeit der Einheimischen ist das eine Einladung, sich in das Leben zu verlieben.

Die Toskana entzückt zu jeder Jahreszeit. Im tiefsten Winter hält sie ihre Reize am meisten zurück, aber die Straßen sind frei, und die klaren, frischen Tage lassen unvergleichliche Ausblicke über eine Landschaft zu, in der die Mimosen manchen Farbtupfer setzen. Der Frühling bringt Mandel- und Kirschblüte, satten grünen Weizen und austreibende Reben. Im Sommer lindern frische Brisen vom Meer die glühende Hitze, doch der August kann manchmal zur Qual werden: die meisten Italiener (Gastwirte eingeschlossen) machen Urlaub, und praktisch jedes Hotel ist ausgebucht. Im Herbst kehrt dann wieder Ruhe ein – und die berauschenden Düfte der Ernte breiten sich aus.

Historisch hat die Landschaft ihre Form durch die zahllosen Kriege erhalten, die hier geführt wurden, und durch die *mezzadria*, das feudale Halbpachtsystem, das noch bis vor 50 Jahren herrschte. Infolge der ständigen Kämpfe zwischen verfeindeten Herzogtümern, Fürstentümern und Stadtstaaten baute man befestigte Städte und Dörfer an strategischen Standorten und Burgen an den höchstgelegenen Aussichtspunkten.

Die Großgrundbesitzer der *mezzadria* wohnten in großen, imposanten Landhäusern, umgeben von Stallungen,

Links: *Eine Reise durch die Toskana ist zu jeder Jahreszeit und bei jedem Wetter ein Erlebnis.*

Oben: *Eine typische alte Eingangstür in Montecatini in der Provinz Pistoia.*

Kornspeichern, Weinkellern, Ölpressen und häufig einer Kapelle, während die *case coloniche* (Bauernhäuser) der abhängigen Bauern auf dem Anwesen verteilt standen. Als die Bauern dann das Recht erlangten, Land zu erwerben, kauften viele es ihren früheren Pachtherren ab und beschränkten sich unter Hintanstellung der traditionellen Vielfalt auf ein oder zwei Kulturen. Andere Güter zerfielen, woraus das Netz kleiner, qualitätsbewußter Erzeuger entstand, die viel dazu beitrugen, das Ansehen der Toskana zu heben.

In der Toskana wird zumindest seit der Zeit der Etrusker Wein angebaut, und in den meisten Gebieten ist seine hohe Qualität historisch belegt. An ihrer Eignung zum Weinbau besteht wenig Zweifel.

Die Enoteca

Die meisten Städte und viele Dörfer haben wenigstens eine Weinhandlung, *enoteca* genannt. Einige konzentrieren sich ausschließlich auf einheimische Weine, andere haben auch ein paar der bedeutenderen toskanischen oder italienischen Tropfen auf Lager. Manchmal kann man sie auch probieren. In einigen *enoteche* bekommt man einen Imbiß, andere haben eine regelrechte Küche und gleichen eher Weinhäusern.

Im Lande unterwegs

Insgesamt gibt es neun Provinzen: Firenze, Arezzo, Siena, Grosseto, Livorno, Pisa, Massa-Carrara, Lucca und Pistoia. Für die Beschilderung ist jede selbst zuständig, und die Unterschiede sind enorm – in Pisa zum Beispiel möchte man am liebsten zum Kompaß greifen. Es gibt ein gutes Netz von *autostrade* (Autobahnen mit blauen Straßenschildern) und *superstrade* (gebührenfreie Schnellstraßen). Für die *autostrade* lohnt sich vielleicht die Anschaffung einer «Viacard» zur bargeldlosen Mautzahlung.

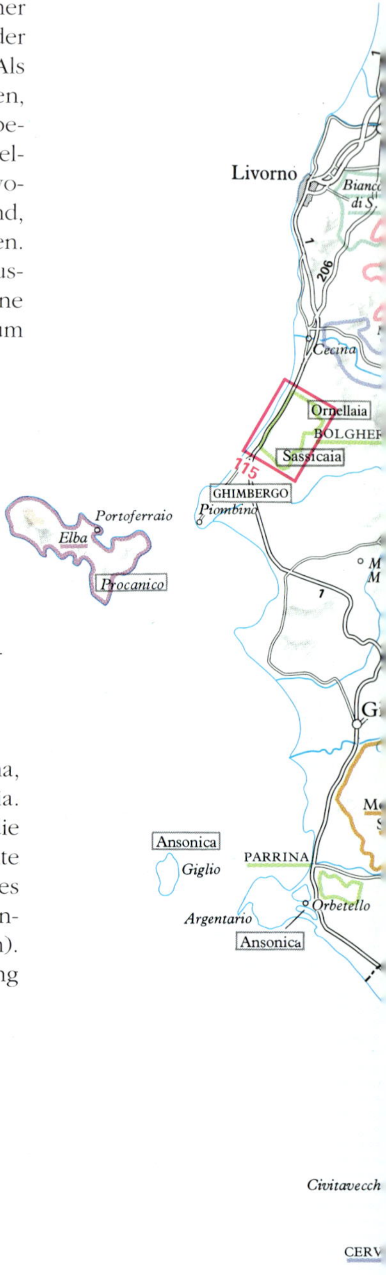

Oben: *Die Hügellandschaft um San Gimignano, die Geburtsstätte des vollen, trockenen weißen Vernaccia.*

Mittelitalien

— · — · —	Regionalgrenze
Zagarolo	Weißwein
Chianti	Rotwein
TORGIANO	Rot- und Weißwein
VIN SANTO	Dessertwein
Sassicaia	Besonderer Vino da Tavola

DOC-Grenzen sind durch farbige Linien gekennzeichnet

115	Detailkarte auf der angegebenen Seite
▭	Höhenlagen über 600 m

1:1,500,000

Km. 0 — 20 — 40 Km.
Miles 0 — 10 — 20 — 30 Miles

COLLI BOLOGNESI
Bianco della Valdinievole
Lucca
Montecatini Terme
Pistoia
Bianco dell' Empolese
Carmignano
Prato
Borgo San Lorenzo
EMILIA-ROMAGNA
Imola
Lugo
Sangiovese di Romagna
Albana di Romagna
Faenza
Cagnina di Romagna
Ravenna
Rosso Armentano
Forlì
Trebbiano di Romagna
Barbarossa
Cervia
Pagadebit di Romagna
Cesena
Cesenatico
Chianti
Firenze
Rufina
POMINO
Santa Cristina
Tignanello
VIN SANTO
Colli Fiorentini
Vernaccia di San Gimignano
Poggibonsi
Figline
Colli Senesi
Chianti Classico
Galestro
Rimini
SAN MARINO
Sangiovese di Romagna
Cattolica
Siena
Montevarchi
Chianti
Arezzo
Sansepolcro
Pesaro
Sangiovese dei Colli Pesaresi
Fano
Val d'Arbia
Urbino
Falerio dei Colli Ascolani
Bianchello del Metauro
Rosso di Montalcino
Moscadello di Montalcino
Cortona
Bianco Vergine Valdichiana
Città di Castello
COLLI ALTOTIBERINI
Senigallia
Montepulciano
Vino Nobile di Montepulciano
Umbertide
COLLI DEL TRASIMENO
Lago di Trasimeno
Gubbio
Lacrima di Morro
Verdicchio dei Castelli di Jesi
Jesi
Rosso Piceno
Ancona
Perugia
Fabriano
Verdicchio di Matelica
MARCHE
Rosso Conero
COLLI PERUGINI
TORGIANO
ASSISI
Assisi
Orvieto
UMBRIA
Rosso d'Arquata
di Pitigliano
Rosso Piceno
Aleatico di Gradoli
Orvieto Classico
Foligno
Vernaccia di Serrapetrona
Macerata
Lago di Bolsena
Montefalco
Bianco dei Colli Maceratesi
Montefiascone
COLLI MARTANI
Tuscania
Spoleto
Fermo
Viterbo
COLLI AMERINI
Norcia
Narni
Terni
Caprarola
Ascoli Piceno
Fontanelle
Rosso Piceno Superiore
Civita Castellana
Lago di Bracciano
Bracciano
Rieti
Bianco Capena
Teramo
LAZIO
Montepulciano d'Abruzzo
L'Aquila
ROMA
Tivoli
Trebbiano
Fiorano
Frascati
MACCARESE
Marino
Zagarolo
Cesanese di Olevano Romano
Cerasuolo d'Abruzzo
Pescara

Die Einfahrt zum Gut Parrina in der südwestlichen Toskana (oben). Gelegentliche Besuche bei den Erzeugern vermitteln ein besseres Verständnis für den Wein und überhaupt für die Region als Ganzes.

DER BESUCH VON WEINGÜTERN

Die meisten Italiener (und Winzer zumal) freuen sich über Besucher und reden gern über ihre Arbeit, so daß der Besuch eines Weinguts selten ein Problem darstellt. Für das Gros der Erzeuger jedoch ist die Weinbereitung der Hauptberuf, kein Hobby oder Nebenerwerb, und sie können nicht für jeden Interessierten, der vorbeikommt, eine Stunde oder mehr alles stehen und liegen lassen. Telephonische Voranmeldung ist daher unerläßlich.

Um das erste Aprilwochenende herum könnte ein Besuchstermin schwer zu bekommen sein, da die meisten Erzeuger sich um diese Zeit auf der wichtigsten italienischen Weinmesse in Verona aufhalten. Januar und August sind die Hauptferienzeiten. Die Ernte mitzuerleben ist hochinteressant, aber in dieser kritischen Zeit – Ende August bis Mitte Oktober – können die Winzer unter Umständen wenig Zeit für Besucher erübrigen.

Das Angebot ist von Weingut zu Weingut unterschiedlich. Manche bieten eine komplette Führung, gefolgt von einer Weinprobe. Andere zeigen ein Video oder offerieren nur eine Weinprobe, die für gewöhnlich gratis ist. Sie sind nicht verpflichtet, etwas zu kaufen, aber vielleicht gebietet es die Höflichkeit. Manche Weingüter servieren einen Imbiß oder eine ganze Mahlzeit.

Agriturismo

Viele Weingüter sind in den Agriturismo oder «grünen Tourismus» eingestiegen. Dahinter stand anfangs der Gedanke, Städtern einen Einblick ins Landleben zu geben, doch jetzt sind daraus gemütliche, preiswerte Ferien auf dem Lande geworden. Möblierte Wohnungen oder Zimmer im Landhaus eines Bauernhofs werden für eine Mindestzeit von einer Woche vermietet. Agriturismo ist jedoch unglaublich populär, und Wohnungen müssen lang im voraus gebucht werden. Auch der Standard ist sehr unterschiedlich: manche sind wunderschöne traditionelle toskanische Bauernhöfe, andere zeigen sich weniger einladend, so daß Sie am besten über ein zuverlässiges Reisebüro buchen.

Weinbau und Weine

DER WEINBAU

Ob sie sich über viele Hektar erstrecken oder in winzige Parzellen zerfallen, die meisten toskanischen Weingärten sind mit Hilfe von Drähten nach einem strengen Gittermuster bepflanzt. Mit neuen Methoden soll seit einiger Zeit der Anbau verbessert werden. Die meisten Neupflanzungen sind heute mit 4000 und mehr Reben pro Hektar fast doppelt so dicht bestockt wie früher, da dies der Qualität der Beeren nachweislich zugute kommt. Trotz der Kosten und der Tatsache, daß die neuen Rebflächen arbeitsintensiver sind, haben die Winzer diesen Schritt gewagt und sich auch die Mühe gemacht, die Reben durch höherwertige Klone zu ersetzen.

Die Reben werden gewöhnlich niedrig erzogen, so daß sie die abstrahlende Bodenwärme empfangen und weniger Kraft für unproduktive, holzige Triebe verausgaben. Die beiden hauptsächlichen Anbaumethoden sind die Kordon-Erziehung, bei der der Stamm des Rebstocks in die Form eines umgekehrten L gebracht wird und das Wachstum jedes Jahr von einigen Fruchtholzdornen ausgeht, die am horizontalen Teil stehengelassen wurden; und die Guyot-Erziehung, bei der ein oder zwei Leittriebe, die von einem kurzen Stamm horizontal erzogen werden, die Fruchtruten des Jahres tragen. In der winterlichen Ruhezeit werden diese Formen nachgeschnitten und damit, was wichtiger ist, das Austreiben begrenzt. Das Weingesetz schreibt einen maximalen Ertrag vor, aber die besten Winzer bleiben darunter und schneiden manchmal sogar einen Teil der noch ganz jungen Trauben aus, um die Qualität auf die übrigen Weinbeeren zu konzentrieren.

Der Rebaustrieb beginnt Anfang Frühling, wenn die Knospen stark frostanfällig sind. Eine Warmwetterperiode hat zur Folge, daß die Triebe ungeheuer rasch sprießen und die Winzer sich beeilen müssen, sie an die Drähte zu binden. Schönes Wetter entscheidet über die Rebblüte am Frühlingsende und Sommeranfang. Eine volle Befruchtung ist das alljährliche Ziel, damit es keine mißgebildeten oder nur halb ausgebildeten Beeren gibt.

In der Wachstumszeit lassen manche Winzer das Gras um die Reben herum zur Festigung des Bodens stehen, andere pflügen es zur Gründüngung unter, einige wenige bekämpfen es mit Herbiziden. Während der Bildung der Trauben entfernen die Winzer oft einen Teil des Laubs, damit die Beeren mehr Licht und Sonne einfangen. Ihre Farbe gewinnen die Trauben im Monat vor der vollen Reife. Ein bißchen Regen ist an diesem Punkt willkommen, damit sie gut fleischig werden, vor allem in einem heißen und trockenen Sommer. Zur Ernte selbst (die bei manchen weißen Sorten im späten August anfängt und bei den roten bis in den Oktober hinein geht) muß es trocken sein.

Ganz links: *Die Handlese garantiert auch heute noch die beste Auswahl der gesündesten Trauben.*

Links: *Die toskanischen Rotweine altern traditionellerweise in großen Eichenfässern* (botti). *In jüngster Zeit aber geht der Trend zu den kleineren französischen Barriques aus neuem Eichenholz. Manche Erzeuger experimentieren mit Holzfässern unterschiedlichen Ursprungs und Alters.*

Unten: *Die meisten toskanischen Weingüter haben sich mit großen, hygienisch einwandfreien Behältern aus rostfreiem Stahl ausgestattet, die eine gute Temperaturkontrolle ermöglichen.*

REBSORTEN

Der Sangiovese bildet die Grundlage der meisten toskanischen Rotweine, eine hervorragende Sorte, die sich problemlos zu passablem Wein verarbeiten, aber sehr schwer wirklich meistern läßt. Wenn man sie mit anderen Trauben (Canaiolo, Mammolo oder Ciliegiolo) verschneidet, erhöht das oft ihre Komplexität. Traditionelle weiße Trauben sind Trebbiano und Malvasia, die hohe Winzerkunst brauchen, wenn daraus erlesene Weine werden sollen.

DIE WEINBEREITUNG

Im Rotwein kommen Farbe, Aroma und Tannin von den Traubenschalen; deshalb werden bei seiner Herstellung zuerst die Beeren gequetscht, damit die Schalen und der Saft miteinander in Kontakt kommen. Die Schalen läßt man während der Gärung im Saft. Der Weinhersteller entscheidet, bei welcher Temperatur der Saft gären und wie lange er an den Schalen bleiben soll. Die meisten toskanischen Roten wandern dann in Holzfässer, um «weich» zu werden oder eine leichte vanilleartige Seidigkeit zu gewinnen. Die Fässer (*botti*) sind gewöhnlich aus slowenischer Eiche und manchmal hundert Jahre alt und älter. Seit einiger Zeit geht die Tendenz zu neuen Barriques aus französischer Eiche.

Die frische Fruchtigkeit der Weißweine kommt daher, daß die Trauben unmittelbar nach der Lese gekeltert werden und so der Saft von den Schalen getrennt wird. Der Saft wird dann allein vergoren. Toskanische Weiße reifen zumeist in Stahlbehältern, nur wenige in Eiche.

Oben: *Die Rebsorte Vernaccia di San Gimignano ergibt körperreiche, trockene Weine.*

Unten: *Sangiovese wird oft mit kleinen Mengen anderer Rebsorten verschnitten, aber er ist auch reinsortig ein ausgezeichneter Wein.*

Malvasia (ganz oben) *und Trebbiano* (Mitte) *gehörten früher zum Traubensatz des Chianti, heute macht man aus ihnen immer häufiger lebhafte, trockene Weine.*

Süßer Vin Santo («heiliger Wein») wird in der ganzen Toskana aus getrockneten, rosinenartigen Beeren bereitet, deren Saft ganz langsam in winzigen *caratelli* (Fäßchen) zusammen mit *madre* vergoren wird, dem Rückstand von Weinen aus früheren Jahren. Die *caratelli* werden abgedichtet und drei Jahre stehengelassen, bevor man den Wein entnimmt und auf Flaschen zieht.

DIE WEINKLASSIFIKATION

Die EG-Bestimmungen forderten von Italien ein Weinkontrollsystem, und in den sechziger Jahren nahm man folgende Einteilung vor: *Vini da Tavola* (VdT, einfache «Tafelweine»), *Denominazione di Origine Controllata* (DOC, «Qualitätsweine») und DOCG (das G steht für *e Garantita*, eine Spitzenkategorie, die Anfang der achtziger Jahre aufkam). Zu dem Zeitpunkt war es um die italienische Weinindustrie so schlecht bestellt wie noch nie: unsaubere Praktiken grassierten, und das Ziel war eher Masse als Klasse.

Dann, bis in die achtziger Jahre, wurden die Erzeuger immer experimentier- und innovationsfreudiger. Jetzt strebte man Qualität an, und viele empfanden die DOC(G)-Bestimmungen als zu eng. Manche ignorierten sie und produzierten den bestmöglichen VdT, aber mit einem groß auf dem Etikett prangenden Phantasienamen, unter dem sie den Wein bekannt machten. Bald waren die klangvollsten Weinnamen Italiens in der Mehrzahl offiziell bloß VdT, wodurch das Weingesetz so in Verruf geriet, daß eine völlige Neufassung gefordert wurde. Sie trat 1992 in Kraft und beginnt sich langsam auszuwirken.

Nach den neuen Bestimmungen sind nur die allereinfachsten Weine VdT. Eine neue Kategorie, *Indicazione Geografica Tipica* (IGT), umfaßt regionale Weinstile.

Die Küche

In der ganzen Toskana sind die Speisen herzhaft und relativ einfach. Olivenöl wird großzügig verwendet, und Fleisch steht in der Ernährung obenan. Anders sieht es nur an der Küste aus, wo selbstverständlich frisch gefangene Fische die Speisekarte beherrschen, vor allem im Sommer.

RESTAURANTS

Schlecht essen werden Sie in der Toskana kaum irgendwo. Gehen Sie in die nächste *trattoria* (nur nicht in die ausgesprochenen Touristenlokale mit Speisekarten in mehreren Sprachen), und das Essen wird in der Regel auch anspruchsvollere Gaumen zufriedenstellen.

Beim Wein ist das schwieriger. Selbst im Herzen einer Weinzone kann es passieren, daß nur der Hauswein in der Karaffe im Angebot steht: ein gottvoller oder todlangweiliger Tropfen. Im Zweifelsfall sollte man eher nach dem Roten greifen, er vermag meist noch am ehesten zu überzeugen.

Die andere Schwierigkeit könnte sein, daß es keine richtige Speisekarte gibt und Ihnen das Angebot in atemberaubender Schnelligkeit heruntergebetet wird. Vielleicht lassen Sie einfach den Kellner oder den Besitzer für Sie entscheiden, denn so bekommen Sie wahrscheinlich das Beste serviert, was das Haus zu bieten hat. In jedem Fall ist der Gang ins Restaurant im allgemeinen eine viel formlosere Angelegenheit als in Deutschland. Auch auf die Garderobe legen die Toskaner, wie die meisten Italiener, weniger Wert. Kinder sind in den Restaurants und *trattorie* gern gesehen und werden von allen beachtet.

Oben: *Neben der Fülle von frischen Muscheln* (cozze) *gibt es an der Küste viele Arten von Fisch und Meeresfrüchten.*

Rechts: *Die dünnen, breiten* pappardelle *zählen zu den häufigsten Nudelarten in der Toskana.*

Oben: *Kleiner Ausschnitt vom Markt San Lorenzo in Florenz.*

Links: *Zwiebeln und Knoblauch findet man in vielen toskanischen Gerichten.*

DIE TOSKANISCHE MAHLZEIT

Eine Mahlzeit fängt in der Regel mit *crostini* als Antipasti an, kleinen Brotstücken mit gehackter Hühnerleber, *milza* (Milz) oder einem anderen Belag; oder mit *bruschetta*, toskanischem Röstbrot, mit Knoblauch eingerieben, gut mit Olivenöl besprengt und eventuell mit Tomaten oder Schwarzkohl belegt. Gewöhnlich gibt es auch einen Teller mit *salumi* – Salami und Räucherfleisch.

Als Zwischengericht, *primo*, bekommt man häufig Nudeln, gewöhnlich *pappardelle*, *tagliatelle*-ähnliche Bandnudeln, nur breiter; *pinci* oder *pici*, dicke, handgerollte *spaghetti* (eine Spezialität von Montepulciano und Montalcino), oder *ravioli*, gefüllt mit Fleisch oder Spinat und *ricotta*. Die Saucen werden meist auf Fleischbasis zubereitet, üblicherweise von *lepre* (Hase), *coniglio* (Kaninchen) und *anatra* (Ente), Saucen mit *funghi* (Pilzen) sind in der entsprechenden Jahreszeit sehr beliebt, desgleichen mit *tartufi* (Trüffeln). Alternativ gibt es dicke Suppen oder *cucina povera*, «Arme-Leute-Essen». *Ribollita* ist langsam gekochtes Gemüse mit Brot, das Masse gibt und bindet; *zuppa di pane*, die Brotsuppe, wird meist mit Tomaten geschmacklich verfeinert; *panzanella* ist eine kalte Sommerversion, die eher einem Salat gleicht als einer Suppe. Üppiger sind die Suppen mit Hülsenfrüchten, unter anderem *fagioli* (weiße Bohnen), *lenticchie* (Linsen), *ceci* (Kichererbsen) und *farro* (Dinkel) in verschiedenen Kombinationen.

Mit dem *secondo*, dem Hauptgang, kann das Restaurant seine wahre Klasse zeigen. Das Paradestück ist *La Fiorentina*, ein riesiges T-Bone-Steak, vorzugsweise von den einheimischen Chianina-Rindern (oder der Maremmana-Rasse im Süden). *Agnello* (Lamm) und *pollo* (Huhn) sind populär, ebenso *coniglio*, *lepre* oder *salsiccia* (Wurst).

Die Toskaner sind stolz auf ihre Käse. *Pecorino*, aus Schafsmilch, kann *fresco* (jung und weich) oder *stagionato* (reif, hart und kräftig) sein. *Caprino* ist Ziegenkäse.

Als *dolce*, Nachtisch, werden oft *cantucci* (Mandelplätzchen) serviert, die man in ein Glas Vin Santo tunkt, andere Nachspeisen sind meistens fertig gekauft. Die traditionellen toskanischen Nachspeisen sind einfacher: keksartig und eher trocken, oft mit Kastanienmehl gebacken – *fatti a casa* (hausgemacht) besonders zu empfehlen.

LEBENSMITTELKAUF

Jeder Ort hat seinen Metzger, sein Käsegeschäft und seine *salumeria* (für Räucherfleisch, Salami, *prosciutto* usw.); frisches Brot gibt es überall, desgleichen Obst und Gemüse. In den meisten Städten findet ein täglicher Markt statt.

Olivenöl

Die Toskana kennt man vor allem als Weinbaugebiet und hält ihr Olivenöl nur für ein zweitrangiges Produkt. Die Fülle an Olivenbäumen und die geringe Rebfläche im Vergleich dazu (außer in Chianti Classico, Montalcino und Montepulciano) sprechen allerdings eher für die umgekehrte Rangfolge. Oliven sind ein integraler Bestandteil der toskanischen Landschaft und Küche.

Der Weg zum nächsten Olivenhain ist nirgends weit. Und nicht nur das teure kaltgepreßte Jungfernöl *(extravergine)*, auch das raffinierte, minderklassige Olivenöl wird in ansehnlichen Mengen produziert.

Die Spitzenqualität des toskanischen Extravergine-Olivenöls wird erst seit 1985 allgemeiner gewürdigt. Im Januar jenes Jahres erlebte Italien einen selten brutalen Kälteeinbruch. Die Temperaturen waren so niedrig, daß viele Olivenbäume starben, und von den meisten nur der Stumpf stehenblieb, was der Gegend ein völlig verändertes Gesicht gab. Die Preise für Öl schossen in die Höhe, aber die Bekanntheit, die es damit gewann, weckte in Nordeuropa die Begeisterung für den feinen, dicken Saft. Inzwischen sprießt gesunder Jungwuchs aus dicken, alten Stämmen,

Unten: *Mit Lorbeerblättern, Chilli und Fenchel gewürztes Olivenöl. Seinen fruchtigen, manchmal würzigen Geschmack aber genießt man am besten »pur«.*

Ganz oben: *Olivenbäume findet man fast überall in der Toskana. In manchen Gegenden aber – um Lucca, in den Hügeln im Zentrum der Region und in der Maremma – beherrschen sie das Landschaftsbild.*

Oben: *Erstklassiges Olivenöl verwandelt selbst die einfache* bruschetta, *ein Röstbrot, in einen exquisiten Leckerbissen.*

und viele Erzeuger haben die Gunst der Stunde genutzt und alte Bäume durch neue, bessere Sorten in ergiebigeren Pflanzordnungen ersetzt. Das Interesse an feinem Öl hält an, und dank der Nachfrage bleiben die Preise für bestes Extravergine-Öl stabil.

Feines Olivenöl herzustellen ist teuer und arbeitsintensiv. Oliven müssen mit der Hand von den Bäumen gestreift werden. Manchmal werden Netze zum Auffangen gespannt; Netze am Boden auszulegen ist wegen der Schadstellen, die die Oliven bekommen können, weniger ratsam. Durch Druckstellen steigt der Säuregehalt der Olive, was die Qualität des Öls beeinträchtigt. Übersteigt die Säure ein Prozent, darf das Öl sich nicht mehr «extra» nennen und wird schlicht zum «vergine»; aber diese Kategorie ist rar. Gutes Öl besitzt meistens kaum ein Drittel des maximalen Säuregehalts.

Die Oliven werden gewaschen und in einer offenen Steinmühle zerquetscht. Das Olivenfleisch wird auf runden Matten – *fiscoli* – ausgebreitet, die man dann über die Presse streift. Wenn die Olivenmasse auf den *fiscoli* die Presse ganz ausfüllt, beginnt das Pressen, und der Saft trennt sich vom Fruchtfleisch. Zu diesem Zeitpunkt ist der Preßsaft ein Gemisch aus Öl und Wasser. Die meisten Erzeuger benutzen zur Trennung eine Zentrifuge. Bei dem alten Verfahren läßt man einfach den Saft ruhen und schöpft dann das aufsteigende Öl ab. Das beste Öl ist damit fertig, ungefiltert. Einige Erzeuger sieben das Öl aber danach noch durch einen Baumwollfilter, damit sich in der Flasche kein Bodensatz bildet.

Oben: *Etliche Weinberge, wie zum Beispiel dieser hier im Chianti Classico, sind ausgeschildert. Für all die anderen finden Sie genaue Wegbeschreibungen in diesem Buch.*

Zum Gebrauch des Führers

Auch wer die Toskana mit einer Landkarte bereist, in der nur die wichtigsten Straßen eingezeichnet sind, wird zwangsläufig an Weinbergen, Olivenhainen, reizenden mittelalterlichen Dörfern und vielleicht an dem einen oder anderen Weingut mit dazugehörigem Laden vorbeikommen. Die Fahrt wird auf jeden Fall ein schönes Erlebnis sein – in der Toskana ist es fast unmöglich, von der Landschaft nicht verzaubert zu werden –, und zu Hause wird man viel zu erzählen haben. Aber mit etwas Insiderwissen läßt sich hier noch viel mehr entdecken. Es ist das erklärte Ziel dieses Buches, den Besucher in die schönsten Weingegenden zu führen und ihm zu erklären, warum hier diese Rebe wächst und dort eine andere; und ihm nicht zuletzt beim Weinkauf beratend zur Seite zu stehen.

Auf einer Tour durch ein Weinbaugebiet wird man Reben und Weingüter zu Gesicht bekommen, man wird Weine probieren, die Erzeuger kennenlernen und ein wenig über

ihr Handwerk erfahren. Dieser Führer zeigt all das und er garantiert darüber hinaus, daß man an den übrigen Herrlichkeiten der Toskana nicht vorbeifährt.

Im Prinzip enthält das Buch eine Reihe kürzerer Routen für Fahrten, die von einer halben Stunde bis zu einem knappen Tag dauern können. Jede Route beschreibt einen bestimmten Teil des toskanischen Weinlandes. Wählen Sie zum Auftakt die Route, der Sie am nächsten sind, oder lassen Sie sich von einer Route zur anderen führen, was schließlich eine vollständige Rundreise ergibt.

Die Führung beginnt und endet in Florenz, aber Sie können die Rundreise antreten, wo Sie wollen. Wenn Sie von Rom kommen, könnten Sie in Grosseto (S. 99) anfangen, sollten Sie nach Pisa fliegen, geht es dort los (S. 122), und sind Sie auf der Autostrada del Sole unterwegs, bietet sich Arezzo als Startpunkt an (S. 78). Ob sie unterwegs etwas auslassen oder mehr Zeit mit der Erkundung einer Gegend verbringen möchten – die Routen sind für alle Wünsche flexibel genug. Bei den Zeitangaben geht der Führer davon aus, daß sich Reisende in Weingegenden eher gemütlich fortbewegen und ab und zu irgendwo Station machen, jedoch die Zwischenstrecken schneller zurücklegen.

Hotels

Für Weinliebhaber sind die Agriturismo-Angebote oft die besten Unterkünfte in der Toskana (siehe S. 13). Die aufgeführten Hotels haben entweder einen besonderen Bezug zum Wein oder andere spezielle Vorteile.

Restaurants

Die Liste der empfohlenen Restaurants reicht von den feinsten Lokalen bis zu den eher schlichten *trattorie*.

Einkaufsmöglichkeiten

Es gibt Hinweise auf die besser sortierten Delikatessenläden und natürlich auch auf *enoteche*, wo Sie Wein probieren und kaufen können.

Sehenswürdigkeiten

Toskana ist ein Hort geschichtlicher und kultureller Schätze. Einzelheiten über die interessantesten Plätze finden Sie unter dem jeweiligen Ort.

Landkarten

Sie finden Weinlandkarten (links) mit den wichtigsten Routenvorschlägen.

Weinerzeuger

Kurzporträts örtlicher Hersteller bilden einen wesentlichen Teil des Buchs. Wir wählten sie hauptsächlich nach der Qualität ihrer Weine aus, aber auch nach ihrem Standort an der jeweiligen Route. Wenn also ein Gut nicht aufgeführt ist, bedeutet das nicht notwendigerweise ein vernichtendes Urteil über seine Weine; es könnte einfach allzu weitab von der Strecke liegen.

Florenz

Für eine Stadt in unmittelbarer Nähe eines der wichtigsten Weinbaugebiete der Welt macht Florenz vom Wein nicht gerade viel Aufhebens. Es gibt nicht an jeder Ecke eine *enoteca*, auch keine Läden mit Weinzubehör. Vielleicht hat Florenz so viele andere Attraktionen, daß es sich erlauben kann, die unmittelbar vor seinen Toren liegenden zu ignorieren. Sicher kann es bei den vielen Herrlichkeiten dieser Stadt leicht passieren, daß der Wein für ein paar Tage in den Hintergrund tritt.

Und was für Herrlichkeiten! Der prunkvolle *duomo* (Dom), weithin sichtbar, aber überraschend gedrungen, wenn man davorsteht, ist der zentrale Orientierungspunkt. Der Palazzo Vecchio blickt über die elegante Piazza della Signoria; ein idealer Ort, um bei einem (teuren) Glas Wein die Welt an sich vorbeiflanieren zu lassen. Gleiches gilt für die geschäftigere Piazza della Repubblica. Der von Juwelierläden gesäumte und von Straßenhändlern überschwemmte Ponte Vecchio ist die faszinierendste Brücke über den Arno, aber die anderen bieten einen besseren Blick auf die Stadt und den Fluß. Je nach Jahreszeit kann der Fluß ein müdes Rinnsal oder ein reißender Strom sein. Weiter gibt es die Franziskanerkirche Santa Croce und ihre strenge, rechteckige Piazza, den Medici-Palast und die Kirche San Lorenzo, die Kirche Santa Maria Novella in Bahnhofsnähe und das Kloster San Marco, das heute ein Museum ist.

Die Schlange vor den Uffizien ist häufig lang, wie bei dieser beispiellosen Sammlung von Renaissance-Kunstwerken auch nicht anders zu erwarten. Im Palazzo Pitti befindet sich eine weitere eindrucksvolle Kunstsammlung und ein Museum. Der Boboli-Garten ist wunderschön angelegt und lädt mit kühlen Spazierwegen und prächtigen Ausblicken ein. Einen noch besseren Blick hat man von der Piazzale Michelangelo, gleich außerhalb der Stadtmauer. Die Mauer

Wie der Olivenbaum (oben) *das Symbol für die ländliche Toskana ist, so bildet der prächtige Renaissance-dom* (links), *der die Skyline von Florenz beherrscht, das Wahrzeichen der Regionshauptstadt.*

SAL·MCCCCLXX

selbst wie auch die mächtige alte Festung Fortezza da Basso stehen wie Felsen in der unaufhörlichen Brandung des rollenden Verkehrs.

Und so geht es weiter, bis Ihre Füße wundgelaufen sind und Ihr Kopf übervoll ist – und dabei haben Sie gerade mal die Glanzpunkte dieser wundervollen Stadt gesehen.

Die stilleren Gassen mit ihrem Kopfsteinpflaster besitzen nicht die Pracht der großen Sehenswürdigkeiten, aber die vielen schönen Details an Dächern, Simsen und Laternen sind genauso faszinierend. Die schikke Einkaufsgegend der Via dei Calzaiuoli und Via Tornabuoni und ihrer Nebenstraßen bietet sich zum Schaufensterbummel an – oder zur gezielten Suche, falls Sie gut mit gedeckten Kreditkarten ausgerüstet sind.

Irgendwann jedoch werden Sie sich hinsetzen und neben der Seele auch den Leib verköstigen müssen, und an dem Punkt kehren Ihre Gedanken vielleicht zum Wein zurück.

Oben: *Der tägliche Einkauf von frischem Obst und Gemüse auf dem Markt San Lorenzo.*

Links: *Die herrliche Fassade der Kirche Santa Maria Novella.*

Wein in Florenz

Als bedeutende Universitätsstadt verfügt Florenz über etliche ausgezeichnete Buchhandlungen mit einem guten Sortiment von (italienischen) Büchern über Wein in jeder Hinsicht. Die meisten Restaurants und *trattorie* haben zumindest eine ordentliche Auswahl von Chianti Classico und anderen Weinen der Gegend; für den anspruchsvolleren Weinfreund gibt es *vinerie*, die alten Weinhäuser der Stadt. *Vinerie* sind nicht schick, sondern eher die Stammlokale älterer Herren, die randvolle Gläschen schlürfen, aber sie sind urig und charaktervoll. Eine *vineria* liegt am Zentralmarkt von San Lorenzo, berühmtere findet man an der Piazza dell'Olio, in der Via dei Cimatori, der Via dei Neri und am San-Pierino-Bogen.

Wenn Sie Wein kaufen wollen, fahren Sie stadtauswärts in die Viertel, wo die Florentiner wohnen, etwa in die Via de'Serragli in Oltrarno (auf der Südseite des Arno), wo es ein Weinzubehörgeschäft gibt, oder weiter nördlich über die Piazza San Marco hinaus. Traditionelle Weingeschäfte heißen *fiaschetterie*, nach den Korbflaschen (*fiaschi*), in denen früher Chianti verkauft wurde. Einige sehen recht heruntergekommen aus, sind aber drinnen voller Überraschungen. Die eleganteren, neueren Weinhandlungen nennen sich meistens *enoteca*, aber zumindest eine, in der Via de'Serragli, führt den Namen *bottiglioteca*.

FLORENZ

RESTAURANTS

Enoteca Pinchiorri
Via Ghibellina, Tel. 055/24 27 77
Hyperschick, hyperteuer: eine der bekanntesten italienischen Adressen mit einer umfassenden Weinkarte. Das *menu degustazione vinicoli* ist ein Menü mit einem Wein zu jedem Gang.

Cantinetta Antinori
Piazza Antinori, Tel. 055/29 22 34
Alle Antinori-Weine im Ausschank. Toskanische Spezialitäten. Mittlere Preislage.

Ristorante alle Murate
Via Ghibellina, Tel. 055/24 06 18
Gepflegte toskanische Gemütlichkeit. Die (eher wenigen) traditionellen Gerichte sind köstlich. Große Weinauswahl. Mittlere Preislage.

Don Chisciotte
Via C. Ridolfi, Tel. 055/47 54 30
Elegant, gutes Spektrum überlegt komponierter Gerichte. Ausgesuchte Weine.

Oben: *Der Markt San Lorenzo mit großer Wurst- und Käseauswahl.*

Pepolino
Borgo Ognissanti, Tel. 055/287515
Ruhig, gediegen; faszinierende Gerichte.
Le Mosacce
Via Proconsolo, Tel. 055/294361
Trattoria mit großem Andrang. Ordentlicher Hauswein, guter Chianti.
Pane e Vino
Via San Niccolò, Tel. 055/2476956
Hunderte von Weinen. Gute Käseauswahl. Weinproben. Mittlere Preislage.
Cibreo (1)
Via dei Macci, Tel. 055/2341100
Freundlich und sehr bekannt. Klassische Küche. Gute Weinauswahl.
Cibreo (2)
Piazza Ghiberti, Tel. 055/2341100
Gleich um die Ecke, derselbe Besitzer. Ähnliche Gerichte, niedrigere Preise.
Da Ruggero
Via Senese, Tel. 055/220542
Gemeinschaftstische. Typisch toskanisch. Sehr preiswerter Hauswein.
Da Sergio
Piazza San Lorenzo
Klassische florentinische *trattoria*; meist Stammgäste. Zutaten vom Markt.

Essen in Florenz

Es gibt in Florenz keinen Mangel an Eßgelegenheiten und kaum eine Straße ohne Verlockungen für den hungrigen Touristen, von Eissalons und Imbißbuden bis zu den nobelsten Restaurants. Wenige hundert Meter vom Zentrum entfernt wimmelt es nur so von Lebensmittelläden. Neben den normalen *alimentari* gibt es noch die Delikatessengeschäfte, die in Florenz *pizzicherie*, nicht wie anderswo in Italien *gastronomie* heißen.

Die Florentiner selbst kaufen auf dem Mercato Centrale von San Lorenzo und dem kleineren Mercato Sant'Ambrogio (Piazza Ghiberti) ein. Der erste, eine Markthalle in sehenswerter Eisenkonstruktion, nimmt zwei Etagen ein und bietet jeden Vormittag (außer sonntags) oben ein riesiges Obst- und Gemüsesortiment (auch aus biologischem Anbau), während es unten Brot, Fleisch, Geflügel, Fisch, *sàlumi*, Käse, Eier, Nüsse, Hülsenfrüchte und Süßwaren gibt. In der *trattoria* des Marktes, Da Nerbone, kann man sehr anständig essen. Der kleinere Markt, Sant'Ambrogio, lohnt vor allem wegen der Obst- und Gemüsehändler, viele von ihnen Bauern aus der Umgebung.

Einladende Lokale mit Stärkungen für den ausgehungerten Stadtbummler gibt es reichlich. Das Caffelatte in der

Oben: *Ansicht von Florenz mit der Kirche Santa Croce im Vordergrund.*

Links: *Eine typische einfache Florentiner* vineria, *ohne viel Getue, nicht zu vergleichen mit den modernen* enoteche.

Via degli Alfani ist ideal zum Frühstücken wie zur Stärkung am Nachmittag: hervorragender Kaffee, gute Backwaren. Man kann dort auch Milch und Butter kaufen. Als Pizzalokal empfiehlt sich das Borgo Antico an der Piazza Santo Spirito mit seinem traditionellen Holzofen. Trinken Sie Bier dazu. Ein gutes Sandwich bekommt man am Stand von Palmino Pinzauti, Piazza de'Cimatori. Am selben Platz schenkt die Birreria Centrale gutes bayerisches Bier aus, mit einer Kleinigkeit zum Essen dazu.

Es wäre eine Sünde, Florenz zu besuchen, ohne Eis zu schlemmen. Die besten hausgemachten Sorten jeden Geschmacks und jeder Beschaffenheit gibt es im Vivoli, Via Isole delle Stinche.

Autofahren in Florenz

Die Vorschriften und Beschränkungen für das Autofahren in der Stadt sind gelinde gesagt kompliziert. Ob man hineindarf, hängt davon ab, welcher Wochentag ist, ob das Auto einen Katalysator hat und woher es kommt.

FEINKOSTGESCHÄFTE

Bartolozzi
Via V Emanuele
Erlesene Käsehandlung mit riesigem Spektrum.

Pegna
Via delle Studio (Stadtmitte)
Verlockend: Gänsesalami, chinesische Saucen.

Bottega del Cibreo
Piazza Ghiberti
Im selben Besitz wie Cibreo. Köstlichkeiten in Hülle und Fülle.

Stenio del Panta
Via Sant'Antonio 49
Auf Fisch spezialisierte *salumeria*.

Leopoldo Procacci
Via Tornabuoni
Eine kuriose Mischung von Delikatessen. Spezialität sind Trüffelbrötchen.

ENOTECHE

Le Volpi e L'Uva
Piazza dei Rossi
Munteres Lokal mit guter Weinauswahl, offen oder in der Flasche, und Kleinigkeiten zum Verzehr.

Fuori Porta
Via Monte alle Croci, Tel. 055/2342483
Jung, lebendig. Hervorragende Weinkarte, leichte Speisen als Begleitung.

Cantinetta da Verrazzano
Via dei Tavolini, Tel. 055/268590
Populäres Weinhaus. Weine ausschließlich vom Castello di Verrazzano. Snacks.

Bonatto
Via Gioberti
Keine Weinproben, aber eine gut sortierte Weinhandlung.

Alessi
Via delle Oche
Keine Weinproben, das Sortiment umfaßt auch allerlei Naschwerk.

Östlich von Florenz

Östlich von Florenz Richtung Pontassieve zeigt die Toskana sich nicht von der schönsten Seite, und der Verkehr kann quälend sein. Fahren Sie zunächst südlich des Flusses nach Bagno a Ripoli, dahinter wird die Fahrt durch ein Stück Schnellstraße beschleunigt.

Das Städtchen Pontassieve ist seit langem ein Verkehrsknotenpunkt. Hier mündet die Sieve in den westlich nach Florenz abbiegenden Arno, der Verkehr ergießt sich aus beiden Flußtälern und aus dem Casentino im Osten (siehe unten). In den unvermeidlichen Staus kann sich das italienische Autofahrertemperament in seiner lebendigen und vielfältigen Theatralik ausleben, und die lang erwartete Umgehung wird allseits begrüßt.

Der Arno entspringt nicht weit von Pontassieve entfernt, verläuft aber in einem weitgeschwungenen Bogen zuerst südlich durch Poppi und Bibbiena. Diese herrliche Strecke, das sogenannte Casentino, erinnert mehr an die Schweiz als an Italien und ist berühmt für seine mittelalterlichen Kastelle und romanischen Abteien. Hier werden weder Wein noch Oliven produziert.

Der Fluß macht kurz vor Arezzo nahezu eine Kehrtwendung und fließt zurück nach Nordwesten, bevor er auf die Sieve trifft. Auf dieser zweiten Strecke, dem Val d'Arno Superiore (oberes Arnotal), sticht der Olivenanbau ebenso ins Auge wie die vielen Rebflächen. Die südlicheren Gebiete gehören zu den Chianti Colli Aretini, die mittleren zu den Chianti Colli Fiorentini. Nur der Teil nahe der Sieve liegt in Chianti Rufina, einer geschlossenen Zone von außerordentlich hohem Potential.

Oben: *Die verfallende Pracht der Gebäude entlang des Arno (Lungarno) in Florenz. Das Weinbaugebiet Chianti Rufina ist von der Stadt aus in einer halben Stunde zu erreichen.*

Links: *Blumengeschmückte Häuser sind in der Toskana ein alltäglicher Anblick.*

Chianti Rufina

RUFINA	Sonstige Chianti-Gebiete
POMINO	Sonstige DOC-Zonen
CASALINO	Bedeutende Kellereien
☐	Lagen
☐	Nicht zum Chianti gehörende Weinbaugebiete
☐	Wald
250	Höhenlinien im 50-Meter-Abstand
▬	Weinstraße

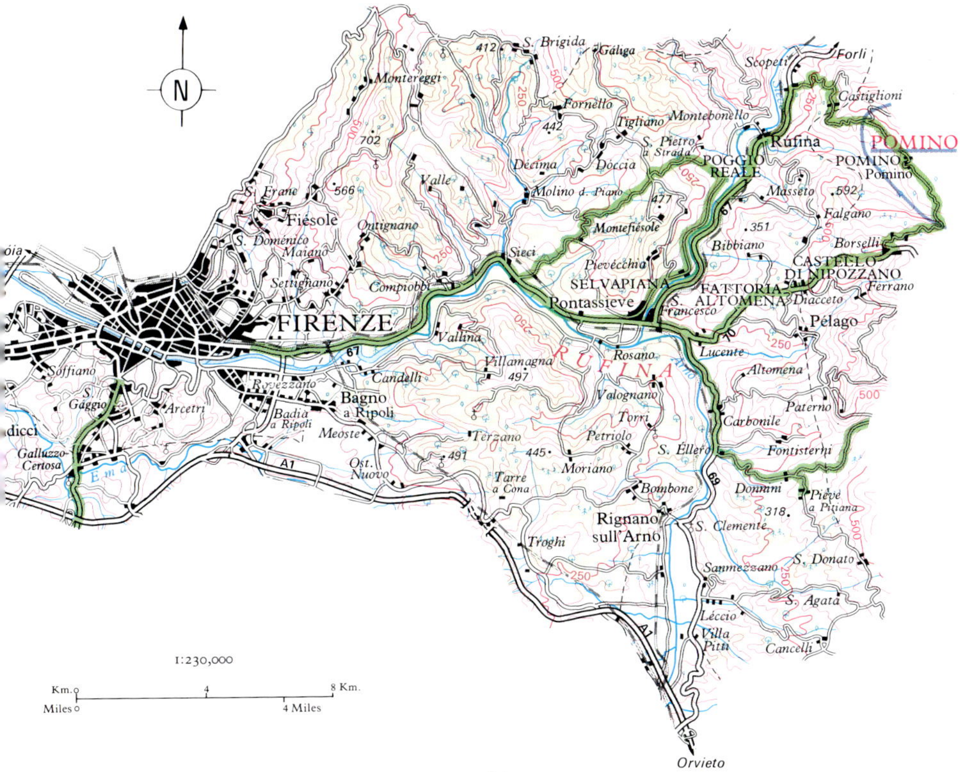
N
S. Brigida
Gáliga
Forlì
Scopeti
Montereggi
Castiglioni
Fornello
Tigliano
Montebonello
Rúfina
POMINO
POMINO
Pomino
S. Pietro a Strada
POGGIO REALE
Décima
Dóccia
Valle
Masseto
S. Franc
Fiésole
Molino d. Piano
Falgano
Ontignano
Montefiésole
Bibbiano
Borselli
S. Doménico
Maiano
CASTELLO DI NIPOZZANO
Settignano
Sieci
Pievécchia
SELVAPIANA
FATTORIA
Ferrano
Compiobbi
Pontassieve
S. Francesco
ALTOMENA
Diacceto
FIRENZE
Vallina
Pélago
Rosano
Lucente
RUFINA
Sóffiano
Candelli
Villamagna
Altomena
S. Gaggio
Rovezzano
Bagno a Ripoli
Valognano
Arcetri
Badia a Ripoli
Torri
Paterno
Carbonile
Meoste
Terzano
Petriolo
Galluzzo
Certosa
Fontisterni
S. Ellero
Ost. Nuovo
Tarre a Cona
Moriano
Bombone
Donnini
Pieve a Pitiana
Rignano sull'Arno
S. Clemente
Troghi
Sanmezzano
S. Donato
S. Agata
Léccio
Villa Pitti
Cancelli
Orvieto
A1
67
69
70
1:230,000
Km. 0 4 8 Km.
Miles 0 4 Miles

CHIANTI RUFINA

HOTELS/AGRITURISMO

In Pontassieve wie in Rufina gibt es Hotels, das Moderno und das La Speranza. Da aber beide Orte ziemlich trist sind, sollten Sie woanders absteigen.

Villa Pitiana

Donnini, Tel. 055/860259

Ein großartiger Komplex: stattliches Hotel, Agriturismo-Wohnungen und Restaurant, angebaut an den Kreuzgang eines alten Vallombrosaner-Klosters. Herrlicher Blick über den Arno ins Chianti Classico. Swimmingpool. Speisen traditionell, aber verfeinert – wahrscheinlich die besten in der Rufina. Nicht zu teuer für das, was geboten wird. Hotel von April bis Oktober, Restaurant im Winter nur an Wochenenden geöffnet.

CHIANTI RUFINA

Das Chianti Rufina erstreckt sich beiderseits der Sieve von Pontassieve flußaufwärts bis Dicomano. Traubenverschnitt und Bereitung erfolgen nach den gleichen Grundsätzen wie im Chianti Classico, aber der Wein ist kerniger, säurebetonter, strukturierter und daher langlebiger. Das liegt teils an den kalkreichen Sandböden und teils an den Temperaturschwankungen im engen Sieve-Tal, das bei Tag die Hitze speichert und sie bei Nacht abgibt.

Trotz des natürlichen Gütefaktors gibt es hier weniger Hersteller der Oberklasse, als man erwarten würde. Die Marchesi de' Frescobaldi beherrschen die Szene mit über 500 Hektar Rebfläche und zahlreichen Gütern, aber die Fattoria Selvapiana hat die besser komponierten Weine. Andere Güter ziehen langsam nach: Bossi zum Beispiel und Spalletti, das schon eingegangen war und jetzt einen Neuanfang macht. Dennoch sehen manche Rebflächen überraschend verwahrlost aus. Die Verwechslung zwischen dem Gebiet Rufina (Betonung auf der ersten Silbe) und dem großen Chianti-Classico-Haus Ruffino mag fortschrittshemmend gewirkt haben. Das jüngst reformierte Consorzio Rufina bemüht sich sehr um eine Profilverbesserung und hält seine Mitglieder unter anderem zu Besucherwerbung an.

Oben links: *Im Frühling ergießt sich ein Blumenmeer über die Toskana.*

Oben: *Toskanisches Brot, kräftig, aber salzlos.*

Pontassieve ist der beste Ausgangspunkt für jede Rundreise. Um die Güter rechts der Sieve zu besuchen, fahren Sie von Pontassieve aus nach Montebonello (praktisch die Fortsetzung der Ortschaft Rufina am andern Ufer). Dann landeinwärts nach San Pietro a Strada und weiter bis Monterifrassine, von wo aus Sie kurz vor Sieci auf die Hauptstraße von Florenz nach Pontassieve stoßen. Als erstes Gut sehen Sie rechts die Fattoria di Basciano mit ihrem renovierten mittelalterlichen Turm; sodann links die Villa di Vetrice mit ihrem Turm aus dem 12. Jahrhundert. Hinter Monterifrassine taucht die Fattoria di Lavacchio auf, gefolgt von der Tenuta di Bossi, einem Landhaus aus dem 15. Jahrhundert, beide linker Hand. Ab und zu ist in der Ferne der Torre di Arcone zu sehen, ein hoher mittelalterlicher Turm.

Das Herz der Rufina und ihre zwei bedeutendsten Weingüter liegen im Süden der Sieve. Sie fahren südlich den oberen Arno hinauf, an der Eisenbahn entlang, und nach ein, zwei Minuten sind links Vallombrosa und Passo della Consuma ausgeschildert. Biegen Sie ab, und besuchen Sie Frescobaldis Castello di Nipozzano (nach wenigen Minuten links), oder schauen Sie sich das Casentino an; andernfalls setzen Sie die Rundreise fort, auf der Sie in ein paar Stunden einen Eindruck von der ganzen Rufina bekommen.

Die folgenden Weingüter haben Agriturismo-Wohnungen. Siehe auch Empfohlene Erzeuger.

Fattoria di Petrognano
Tel. 055/8318812
Der Wein, gelagert in alten unterirdischen Kellern, wird von Selvapiana bereitet. Oktober bis Ostern geschlossen.

Fattoria di Basciano
Montebonello, Tel. 055/8397034

Fattoria il Frantoio
Dicomano, Tel. 055/8397886

Az. Agr. Capiteto
Acone, Tel. 055/8361600
Mit Swimmingpool.

Soggiorno al Lago
Vicchio, Tel. 055/8448638
Gelegenheit zum Schwimmen, Reiten, Mountain-Bike-Fahren u.a. Freizeitaktivitäten.

RESTAURANTS

Vicolo del Contento

Castelfranco di Sopra, Tel. 055/9149277

Castelfranco ist ein Dorf aus dem 15. Jahrhundert halb den oberen Arno hinauf, das ungewöhnlicherweise nach einem Gittermuster angelegt ist. Das Restaurant ist gepflegt, mit moderner, erstklassiger toskanischer Küche und einer riesigen Weinkarte, die Spitzenweine aus ganz Italien enthält. Montags und Dienstags geschlossen.

Gliaccaniti

Pratovecchio, Tel. 0575/583345

Empfiehlt sich auf Fahrten durchs Casentino. Klein, gemütlich; traditionelle Zutaten auf moderne Art zubereitet. Breite Auswahl toskanischer Weine. Mittlere Preislage. Dienstags geschlossen.

Unten und rechts: *Die Keller und Weinberge der Fattoria Selvapiana sind attraktiver als ihr Verkaufsladen. Das Gut erzeugt auch einige der besten Olivenöle der Toskana.*

Die Gegend ist gut bestückt mit mittelalterlichen Häusern. Die bedeutenderen Wohnsitze waren zwangsläufig befestigt. Aber die *case coloniche*, schlichte Arbeiterhäuser, sind sehenswert. Sie sind ebenso massiv wie elegant, und doch fügen sie sich ganz natürlich in die Landschaft ein. Die ersten, die zur Rechten auftauchen, sind mit ihren sanften Bögen absolut typisch. Die ersten Weinberge, zur Linken, werden vom Weingut Castello di Trebbio gepachtet (einem Kastell aus dem 13. Jahrhundert im nördlichen Santa Brigida, außerhalb von Rufina). Die nachfolgenden zeigen die dunkle Seite des Rufina-Weinbaus. Sie sind nicht sehr gepflegt, und die Trauben kommen häufig in die Cantina Sociale. Dann erscheint das imposante Castello Volognano gegenüber und an klaren Tagen die steilen Hänge von Gaiole im Chianti Classico.

In Sant'Ellero biegen Sie links nach Vallombrosa ab. Der Turm zur Linken gehört zu einem kleinen ehemaligen Kloster, das heute ein Privathaus ist. Die Straße steigt an, und die Landschaft wird waldiger und sehr schön. Diese Berggegend, durch die man auf der Fahrt vom Val d'Arno Superiore nach Vallombrosa kommt, heißt der Pratomagno.

Die Gebäude sind eine Mischung aus Mittelalter und Renaissance. Sie verlassen jetzt das Chianti Rufina, und die Rebstöcke entschwinden in der Ferne.

Eine Seitenstraße führt rechts zur Pieve a Pitiana, einer von mehreren einfachen, aber wuchtigen romanischen Kirchen am oberen Arno. Der Anfang der «Siebenbrückenstraße», die über jeden Zufluß des oberen Arno führt, ist eine mögliche (zeitraubende) Erweiterung der Tour. Alternativ dazu ist die Villa Pitiana linker Hand eine echte Perle. Tosi, das nächste Dorf, ist für seine Möbelschreinerei bekannt. Folgen Sie dem Schild nach Saltino. Sobald Sie den Pian di Melusa erreicht haben, sind Sie von einem dichten Kiefernwald umgeben, der eher nach Tirol als nach der Toskana ausschaut. Der Wald, bis 1860 in klösterlichem Besitz, unterstand bis 1949 der Forstbehörde und wurde dann den ursprünglichen Besitzern teilweise zurückgegeben. Die Kombination aus Tannen, Kiefern und Buchen hält den Boden neutral, und die beeindruckende Mischung aus dem Dunkelgrün der Nadelbäume und den lebhaften Kupfertönen der Buchen entlang der Straße ergibt selbst im Winter ein prächtiges Bild.

Auf 1000 Meter stoßen Sie nach einer scharfen Kurve auf das Kloster Vallombrosa. Dichter Wald und rauschende Wasserfälle säumen die Straße hinunter nach Consuma, wo die Landschaft sich öffnet und die Reben und Oliven zurückkehren. Hier wird das Chianti Rufina vorübergehend von Pomino unterbrochen.

Osteria di Paterna
Tel. 055/977514
Nur an den Wochenenden geöffnet. Gute, freundliche Leitung. Gehört zu einem genossenschaftlich geführten Bauernhof. Trinken Sie den Hauswein.

Il Canto del Maggio
Tel. 055/9705147
Ungewöhnlich vornehme *trattoria*. Kreative Einfälle auf traditioneller Grundlage. Literatentreff. Kleine, aber gute Weinauswahl.

FEINKOSTGESCHÄFTE

Cooperativa Il Forteto
Die Sieve hinauf zwischen Dicomano und Vicchio, rechts. Junge Leute, die hier Drogen- u.a. Therapie machen, produzieren und verkaufen vortrefflichen Schafs- und Ziegenkäse (der *pecorino* ist ein Gedicht), *salumeria*, Honig und Marmelade. Die Erzeugnisse sind auch in Florenz auf dem Markt von San Lorenzo erhältlich.

Fabrizio Fabbrini
Terranuova Bracciolini
Metzger, der für sein Chianina-Rindfleisch und seine ordentliche Ware bekannt ist.

Cooperativa Agricola Valdarnese
L'Osteria di Paterna
Große Auswahl an biologisch angebauten landwirtschaftlichen Produkten.

Rechts: *Das Wappen der Frescobaldi. Die Familie blickt auf eine über 600jährige Weinbautradition zurück.*

Links: *Blick auf das Gebiet von Pomino und des Chianti Rufina. Der größte Teil des Tales von Pomino gehört der Familie Frescobaldi, die Weinberge in mehreren Gütern besitzt.*

POMINO

Pomino grenzt an Chianti Rufina und ragt ein Stück hinein. Mittelpunkt der Zone ist das Dorf Pomino, an ihrem Rand verläuft der ebenfalls Rufina heißende Bach, der bei Rufina selbst in die Sieve mündet. Es ist eine der kleinsten DOC-Zonen überhaupt und wurde schon 1716 als eigenständiger Anbaubereich definiert.

Mitte des 19. Jahrhunderts pflanzte der Marchese Vittorio degli Albizi hier französische Rebsorten an, was den Stil des Weines immer noch beeinflußt. Der Weißwein wird hauptsächlich aus Pinot bianco und Chardonnay bereitet, beim Rotwein wird Cabernet, Merlot und manchmal Pinot nero mit dem üblichen Sangiovese gemischt. Bis vor kurzem gab es nur einen Erzeuger: Frescobaldi auf der Tenuta di Pomino. Aber neuerdings hat die Fattoria Selvapiana dadurch Aufsehen erregt, daß sie Weinberge von der alten Fattoria di Petrognano pachtete und nunmehr ihre eigenen Weine produziert.

Consuma, wo die Straße von Vallombrosa auf die Straße Pontassieve-Casentino stößt, ist der äußerste Vorposten der Pomino-Zone. Die Strecke links nach Pontassieve verläuft auf der Grenze der *denominazione*. Das schmucke Renais-

SEHENSWÜRDIGKEITEN

Villa Poggio Reale
Rufina, Tel. 055/839 61 11 (Ufficio Cultura der Comune di Rufina)
Es heißt, diese Villa aus dem 16. Jahrhundert sei von Michelangelo entworfen, aber wahrscheinlich ist sie das Werk seiner Nachfolger. Sorgfältig restauriert, beherbergt sie heute das Weinmuseum des Chianti Rufina. Besuch nach Vereinbarung.

Kloster Vallombrosa
Die Vallombrosaner waren ein aus den Benediktinern hervorgegangener Mönchsorden. Dieses imposante Gebäude inmitten alpiner Kiefernwälder liegt hoch oben im Pratomagno. Überreste des Küchengartens und des Forellenteichs führen zur verzierten Pforte. Die Kirche ist immer offen. Die Abtei kann zwischen Juni und September dienstags und freitags um 10.30 Uhr mit Führung besichtigt werden.

VERANSTALTUNG

Bacco Artigiano *(Rufina)* – Letzte Septemberwoche, Donnerstag bis Sonntag. Ausstellung und Verkauf von Weinen und Kunstgewerbeartikeln.

EMPFOHLENE ERZEUGER

Fattoria Selvapiana
Tel. 055/836 98 48
Der Besitzer Francesco Giuntini ist mit den meisten toskanischen Adelsfamilien verwandt, aber umgänglich und bodenständig geblieben. Sein hervorragendes Deutsch wird nur von seinem geschliffenen Englisch übertroffen. Er ist sicher der charmanteste, wahrscheinlich der exzentrischste und vielleicht der begehrteste Junggeselle der Toskana. Giuntini leitet Selvapiana selbst, aber die eigentliche Weinbereitung obliegt dem jungen Federico Masetti (mit Hilfe von Franco Bernabei als Berater). Giuntini nimmt es mit seinem Wein sehr genau (daher wahrscheinlich die ausgezeichnete Qualität) und trinkt so gut wie nie.

Er ist Fachmann für Olivenanbau, und aus Liebe zum Olivenöl hat er einen Weinberg ausgehackt und dafür einen Olivenhain gepflanzt (es sei erstklassiger Olivenboden, meint er). Kein Wunder, daß Selvapianas Öl zu den besten in der Toskana gehört.
Weine: Chianti Rufina komplex, elegant, durchdringend und anhaltend; der Lagenwein Bucerchiale steht für die besseren Jahre; Vin Santo; Borro Lastricato, frischer Weißer aus Pinot bianco, Pinot grigio; neuerdings Pomino (von den Petrognano-Weinbergen).
Marchesi de' Frescobaldi
Tel. 055/2381400 - 8311050
Großunternehmen der Familie Frescobaldi mit über 600 Jahren Weinerfahrung, mehreren Weingütern und zahlreichen Weinen. Von Castello di

Ganz oben: *Fässer mit Vin Santo in Frescobaldis Weinkeller in Pomino.*

sancehaus zur Rechten ist Spedaletto, eines der vielen Landhäuser Frescobaldis. Nach einem kurzen Waldstück ist rechter Hand das ganze Pominotal (das überwiegend Frescobaldi gehört) zu sehen. Hinter Borselli taucht links die romanische Kirche von Tosina auf. Von der Kirche aus (mit sehr schönem Kreuzgang) blickt man auf ein herrliches Panorama, wo sich die Rufina hinter den Hügeln ins Sievetal schlängelt.

Kurz vor Pomino ist das lange, niedrige Landhaus links eines der wichtigsten Empfangszentren Frescobaldis. Hinter seinen Fenstern reift Vin Santo in den Fässern. Die Hauptattraktion Pominos ist die romanische Pieve di San Bartolomeo, die ein bedeutendes Della-Robbia-Relief enthält. Gleich davor ein seltenes Beispiel alter Rebkultur: an Ahornschößlingen emporgezogene Reben.

Wenige Minuten vom Dorf entfernt liegt die Fattoria di Petrognano. Weiter rechts, kurz bevor aus Pomino wieder Chianti Rufina wird, steht die dritte romanische Kirche Pominos, die Pieve di Castiglioni.

ZURÜCK IM CHIANTI RUFINA

Hinter Castiglioni sind Sie wieder in Chianti Rufina und nach ein paar Minuten unten im Sievetal. Fahren Sie nach links und zurück durch Rufina selbst. Es ist kein schöner Ort, aber der Torre di Arcone ragt am rechten Ufer auf, während sich vor Ihnen eindrucksvoll Poggio Reale erhebt. Kurz vor Pontassieve kommt links eine Terrakottaausstellung, und ein nicht gekennzeichneter Weg, die Zufahrt zur Fattoria

Selvapiana, zweigt hinter einer Kreuzung ab. Je mehr der Weg ansteigt, um so mehr werden auch die Olivenbäume und Rebstöcke; die Einfahrt zur Villa ist eindrucksvoll.

PASSO DEL MURAGLIONE

Ein Ausflug zum Passo del Muraglione ist vor allem bei klarem Wetter ein wunderbares Projekt für einen Vormittag. Mit über 900 Meter über dem Meer ist er der höchste Punkt auf der alten Straße über die Apenninen, auf der man zwischen der Toskana und der Adria verkehrte, bevor Autostraßen gebaut wurden. In der Straßenmitte ist eine hohe Mauer (der Muraglione), die als Windschutz gebaut worden sein soll, damit die Kutschen nicht weggeweht wurden. Außer der Mauer – und dem Wind – gibt es dort oben nicht viel, aber die Fahrt ist ein Erlebnis.

Oben: *Rebstöcke rund um das Gut Selvapiana, das komplexen und eleganten Chianti Rufina herstellt.*

Nipozzano, dem Hauptanwesen, kommen die Einzellagenweine Chianti Rufina Riserva Nipozzano und hochgeschätzte Montesodi; der Super-Toskaner Mormoreto; von Remole der Chianti Rufina Remole; von der Tenuta di Pomino roter und weißer Pomino sowie der eichengelagerte weiße Pomino Il Benefizio u.v.a.m. Auch Besitzer des Weinguts Castelgiocondo in Montalcino.

Tenuta di Bossi
Pontassieve, Tel. 055/8317830
Aufsteigender Betrieb. Agriturismo-Wohnungen.

Chianti Classico

Bei allem Abwechslungsreichtum der Toskana verwundert es doch nicht, daß die ganze Region meist mit ihrem berühmtesten Teil identifiziert wird, dem Gebiet Chianti Classico. Die durchgängigen Komponenten sind Weinberge, Olivenhaine und Pinienwälder, durchsetzt mit Zypressen, aber jede Straßenbiegung eröffnet eine neue Augenweide. Die Vielfalt ist so groß, daß man sich am liebsten verirren möchte, doch die gute Beschilderung erschwert zielloses Herumfahren in dieser Zone sehr. Pisten, die scheinbar nirgendwo hinführen, kommen fast immer auf einer der asphaltierten Straßen heraus, die sich von Dorf zu Dorf winden.

Das Chianti Classico läßt sich in Minutenschnelle von Florenz im Norden, Siena im Süden und der Ausfahrt San Donato auf der Superstrada Florenz-Siena im Westen erreichen. Einen raschen Überblick über die vielen Herrlichkeiten der Zone gibt die Chiantigiana, die Hauptdurchfahrtsstraße in Nord-Süd-Richtung.

Der Distrikt hieß schon lange vor den Weinen Chianti. «Chianti» erstreckt sich über die Hügel von Pistoia im Norden bis Montalcino im Süden und von Livorno bis Arezzo. Der Name hatte einen solchen Klang, daß beim Erlaß der Weingesetze in den sechziger Jahren die Erzeuger in den umliegenden Distrikten die Gelegenheit ergriffen, ihn zu übernehmen. Die echte, historische Zone gab sich daher den Zusatz Classico als Bezeichnung des klassischen Herzlands; der Rest wurde in Unterdistrikte aufgespalten, die mit Ausnahme der kleinen Zonen Chianti Rufina und Chianti Montalbano den Provinzgrenzen folgten. Weine aus der Provinz Siena zum Beispiel wurden zu Chianti Colli Senesi, die aus der Provinz Pisa zu Chianti Colline Pisane und so weiter. Viele würden heute gern den Namen Chianti wieder rein auf das Classico-Gebiet beschränkt sehen, was durchaus passieren könnte.

Chianti-Wein ist rot und erhält seinen Charakter von der heiklen, aber lohnenden Sangiovese-Traube. Heikel deshalb, weil sie zwar problemlos gute, ansprechende Weine ergibt, aber nur fachmännische Behandlung großen Wein aus ihr herausholt. Es gibt unendlich viele Variationen bei den großen Weinen, sind sie doch an Standorten gewachsen, die nach Lage, Höhe und Boden grundverschieden sind.

Links: *Weinberge, Olivenhaine, Pinienwälder und Zypressen – ein typisches Bild für Chianti.*

Oben: *Das auf einem Hügel liegende Volpaia mit seinen Ziegeldächern ist ein klassisches Toskana-Dorf.*

FIRENZE
COLLI FIORENTINI
FIRENZE
SIENA
COLLI SENESI
S. Casciano in Val di Pesa
Greve in Chianti
Poggibonsi
S. Gimignano
Castellina in Chianti
Radda in Chianti
Monteriggioni
Siena
Colle di Val d'Elsa
Certaldo
Montespertoli
Impruneta
Scandicci
Travarnelle Val di Pesa
1:230,000
Km. 0 4 8 Km.
Miles 0 4 Miles

Rechts: *Der bekannte* Gallo nero *(schwarzer Hahn), Kennzeichen des Consorzio del Marchio Storico Chianti Classico, schmückt die Flaschen aller Mitglieder des Konsortiums.*

Eine geologische Karte des Gebiets zeigt ein recht geschecktes Oberbodenmuster, aber die klassischen Weine kommen von dem hochgeschätzten Kalksteinboden *alberese*, vom Tonschieferboden *galestro* oder in den höheren Lagen von Sandsteinböden. Die höchsten Weinberge liegen mehr als 600 Meter über dem Meer, die niedrigsten um 250 Meter, und obwohl Südwest- oder Südosthänge bevorzugt werden, gedeihen Reben auch in vielen anderen Lagen. Sangiovese ist zwar die bekannteste Chianti-Komponente, doch auch kleine Mengen anderer Trauben spielen in ihm eine Rolle. Mitte des 19. Jahrhunderts legte der Barone Bettino Ricasoli seine Formel für den Wein fest, die sowohl die rote Traube Canaiolo als auch die weißen Trauben Trebbiano und Malvasia vorsah. Das Ergebnis war ein leichter, süffiger Wein. Doch die Kellertechniken haben sich seit damals enorm verbessert. 1984 wurde Chianti zur DOCG hochgestuft und der vorgeschriebene Sangiovese-

Chianti Classico

—·—·—	Provinzgrenze
(rote Linie)	Grenze der DOCG Chianti Classico
RUFINA	Sonstige Chianti-Gebiete
POMINO	Sonstige DOC-Zonen
CASALINO	Bedeutende Kellereien
☐	Lagen
☐	Nicht zum Chianti gehörende Weinbaugebiete
☐	Wald
250	Höhenlinien im 50-Meter-Abstand
(grüne Linie)	Weinstraße

Gehalt auf 75 bis 90 Prozent angehoben. Nach den jüngsten Revisionen darf dieser berühmte Wein auch zu 100 Prozent aus Sangiovese-Trauben bestehen.

Kritiker des reinsortigen Sangiovese machen neben ihrem Chianti Classico noch einen anderen Wein. Diese Produkte, oft die besten eines Erzeugers, hat man Super-Toskaner getauft – Ausdruck ihrer Qualität und der fehlenden offiziellen Klassifikation.

Die Einwohner von Chianti wissen seit langem um die Stilunterschiede zwischen den einzelnen Gemeinden: San Casciano, Greve mit der Unterzone Panzano, Barberino Val d'Elsa, Castellina, Radda, Gaiole und Castelnuovo Berardenga. Früher meinte man, der Erzeugername und die Worte Chianti Classico reichten aus, um einen klassischen Wein zu garantieren. Heute wird die Analyse und Beschreibung dieser individuellen Gemeindestile immer wichtiger.

Unten: *Rote Ziegeldächer über einer schattigen Straße, die sich durch ein toskanisches Dorf windet.*

Oben links: *Eine kleine Straßenkapelle bei Badia a Passignano im Chianti Classico.*

Ganz oben: *Frische Tomaten bilden die Grundlage vieler toskanischer Gerichte.*

Oben: *Die Zementbehälter sind heute in vielen Weingütern durch die praktischeren Edelstahltanks ersetzt worden.*

Viele Chianti-Classico-Weinberge wurden bald nach dem Zweiten Weltkrieg neu angepflanzt, und vor lauter Eifer, die Produktion wieder aufzunehmen, ließ man es an Sorgfalt fehlen. Diese Weinberge werden um die Jahrhundertwende neu bestockt werden müssen. Vorbereitend hat das Consorzio Chianti Classico (siehe unten) ein großes Forschungsprojekt namens Chianti Classico 2000 eingeleitet. Es soll für höchste Qualität in der Zukunft sorgen. Etliche Weingüter haben Parzellen für die Versuchspflanzungen angeboten.

Ein *consorzio* ist ein freiwilliger Zusammenschluß zur Wahrung der Interessen seiner Mitglieder. In der Classico-Zone gibt es zwei. Das Consorzio del Chianti Classico ist das Kontrollgremium, das die Aufgabe hat, durch Degustationen, Analysen sowie Weinberg- und Kellerbesuche zu prüfen, ob alle Chianti-Classico-Erzeuger sich auch an die Vorschriften halten. Die Weine, die den Anforderungen genügen, werden mit den rosaroten DOCG-Banderolen am Flaschenhals «beglaubigt». Das zweite *consorzio* ist das Werbe- und Verkaufsgremium. Der schwarze Hahn (*gallo nero*) war das bekannte Symbol dieses zweiten Gremiums, des Consorzio del Gallo Nero. Doch nach einer Klage der großen amerikanischen Weinfirma Gallo wurde der Gebrauch des Wortes im Ausland gerichtlich verboten.

SAN CASCIANO

HOTEL/RESTAURANTS

San Casciano hat viele gute Eßlokale. Es liegt so dicht bei Florenz, daß es oft leichter ist, hierher zu fahren, als sich durch die Stadt zu quälen. Die meisten der folgenden Restaurants liegen an der Weinroute.

L'Albergaccio
Sant'Andrea in Percussina
Tel. 055/828471
Einfache *trattoria*-Kost. Montags geschlossen. Sitz des Machiavelli-Museums.

Antica Posta
Val di Pesa, Tel. 055/820116
Nicht traditionell, aber köstlich. Leichtes, schmackhaftes Essen mit den besten Zutaten der Region. Ausgesuchte Weine. Mit Hotel. Montags und im August geschlossen.

Oben: Pappardelle con ragù, *ein typisches Nudelgericht in einer* trattoria.

Da Nello
Via IV Novembre 66
Tel. 055/820163
Deftige, schmackhafte, traditionelle Kost mit ein paar Extras, einheimische Zutaten je nach Jahreszeit. Mittwoch abends und donnerstags geschlossen. Am besten mittags.

La Tenda Rossa
Cerbaia, Tel. 055/826132
Eines der Spitzenrestaurants von Italien. Extrem schick, wirklich sehr gut, aber teuer. Mittwochs und Donnerstag mittags sowie 2. Augusthälfte geschlossen.

FEINKOSTGESCHÄFT

Cooperativa La Ginestra
Barsino, Via Pergolato 3
Große Auswahl lokaler Produkte, alle biologisch hergestellt.

SAN CASCIANO

Fahren Sie am Autobahndreieck Firenze Certosa unmittelbar südlich von Florenz auf die «Firenze-Siena», und schon nach fünf Minuten kann es hinauf in die Chianti-Classico-Hügel gehen. In Sant'Andrea in Percussina sind nicht nur die ersten Rebstöcke zu sehen, sondern es ist symbolträchtigerweise auch der Sitz des Consorzio Chianti Classico. Es lohnt sich, kurz vorbeizuschauen und sich die detaillierte Karte geben zu lassen, die zur allgemeinen Orientierung ebenso brauchbar ist wie zur Lokalisierung der Consorzio-Mitglieder.

Das Büro befindet sich an der Stelle des alten Hauses von Machiavelli, dem florentinischen Staatstheoretiker aus dem 15./16. Jahrhundert. Das Machiavelli-Museum ist gleich gegenüber. Es wird von den Eigentümern des benachbarten Restaurants geführt und ist nur mittags und abends geöffnet. Die Weingüter Machiavelli und Conti Serristori liegen direkt nebenan.

San Casciano, ein kurzes Stück Weg weiter, ist eine ganz nette Ortschaft. Im Nordwesten an der Straße nach Cerbaia gibt es ein paar Weingüter, aber die wichtigeren liegen in der Gegenrichtung. Mit seinen weißgelben Kalksteinböden produziert San Casciano eigentlich mehr Olivenöl als Wein; Olivenbäume bestimmen daher auch das Landschaftsbild. An vielen der alten Bäume sprießen eigenartig dünne Äste aus den mächtigen Stämmen. Das ist der Jungwuchs nach dem verheerenden Frost von 1985.

Oben: *Ansicht von dem hübschen Städtchen San Casciano.*

Rechts oben und unten: *Olivenhaine bei San Casciano, dem wichtigsten Produktionsgebiet für Olivenöl im Chianti Classico.*

Die Fattoria delle Corti Corsini, einen Kilometer weiter an der Straße nach Mercatale, wo die Reben wieder in den Vordergrund treten, vermittelt eine gute Vorstellung davon, wie der toskanische Adel lebte. Das massive, imposant wirkende Gebäude hat sowohl Weinkeller als auch eine bedeutende Ölpresserei (*frantoio*). Etwas weiter sollten Sie einen kurzen Abstecher rechts nach Montefiridolfi machen. Biegen Sie dort entweder rechts ab zur Fattoria La Loggia, einem Weingut mit über 500 Jahren Geschichte, oder nach links, um zu sehen, wo Antinoris vielbewunderter Santa Cristina entsteht. Oder fahren Sie von Mercatale aus an der Kreuzung gleich hinter der Ortschaft links (Greve ausgeschildert) zum Castello di Gabbiano und der Genossenschaftskellerei Castelgreve. Wenden Sie sich nach rechts (Richtung Panzano), und Sie kommen bergauf durch Wald, Rebflächen und Olivenhaine. San Pietro di Sillano zur Linken ist eine stille, hübsche Kirche im Privatbesitz, die den Anfang der Gemeinde Greve markiert.

EMPFOHLENE ERZEUGER

Machiavelli
Tel. 0577/989001
Weinkeller verlaufen unter dem Grund von Niccolò Machiavellis Haus. Weiche Weine.

Conti Serristori
Tel. 0577/989001
Conti Serristori und Machiavelli sind beide Teil des großen Handelshauses Melini.

Fattoria La Loggia
Tel. 055/8244288
Klein, 1427 gegründet, mit Weinbergen um eine alte Festung herum. Erzeugt den Super-Toskaner Nearco (Sangiovese/Cabernet), Vin Santo, Schaumweine u.a. sowie Chianti Classico. Olivenöl. Agriturismo-Wohnungen.

Antinori
(Siehe auch Cantinetta Antinori in Florenz)
Tel. 055/23595
Über 600 Jahre alt, in Familienbesitz, bekanntestes und angesehenstes Weinunternehmen Italiens. Zahlreiche Güter in Toskana und Umbrien. Sorgfältig ausgebaute, sehr ansprechende Weine. Unter den vielen sind Chianti Classico, Badia a Passignano, Peppoli, Santa Cristina und die berühmten Super-Toskaner Tignanello (Sangiovese/Cabernet) und Solaia (hauptsächlich Cabernet).

Castello di Gabbiano
Gute Chianti und Super-Toskaner Sangiovese. Die Qualität steigt beständig.

GREVE

HOTELS

Albergo del Chianti
Tel. 055/85 37 63
Mit Swimmingpool. Mittlere Preislage.

Il Verrazzano
Tel. 055/85 31 89
Eine einfache *pensione* mit Restaurant, das traditionelle Gerichte serviert.

ENOTECHE

La Cantinetta
Bottega del Chianti Classico

Die Bar del Gallo Nero ist keine Weinhandlung, sondern eine gewöhnliche Bar.

VERANSTALTUNG

Rassegna del Chianti
Großes Marktfest. Auf der Piazza werden Wein, Öl, Essig, Honig u.a. regionale Produkte verkauft. Von Ende September bis Anfang Oktober.

Oben: *Angebot der auf Wildschwein spezialisierten Metzgerei Falorni in Greve.*

Rechts: *An der Strecke von Greve nach San Casciano liegt die mittelalterliche Festung Castello di Gabbiano hoch über dem Grevetal.*

Rechts oben: *Weinlese in Chianti. Heute verwendet man zum Transport der Trauben häufiger luftdurchlässige Körbe.*

GREVE

Von allen Gemeindezentren im Chianti Classico ist Greve das munterste. Am Samstagmorgen, wenn Markt ist, geht es hoch her. Mittelpunkt ist das längliche Dreieck der Piazza im Ortskern und Attraktion die *macelleria* (Metzgerei) Falorni, die auf *cinghiale* (Wildschwein) spezialisiert ist, von Wurstwaren aller Art bis Pökelfleisch (ähnlich dem *bresaola*). Ein (ausgestopfter) Keiler steht unübersehbar und grimmig blickend vor der Tür. Es gibt ein paar Weinhandlungen, aber es handelt sich dabei ausschließlich um *enoteche* zum Kaufen, nicht zum Probieren. Sogar die Bar del Gallo Nero nahe der Piazza ist einfach ein gewöhnliches Lokal und hat keine besondere Auswahl offener örtlicher (oder sonstiger) Weine.

Praktisch alle Weingüter Greves sind höchstens 15 Fahrtminuten vom Ort entfernt, die meisten weniger. Kommt man von San Casciano, nimmt man die erste beschilderte Abzweigung hinter der Kirche San Pietro di Sillano links über Montefioralle. Die idyllische Schotterstraße am Hügelrand entlang führt durch ein Gebiet, wo der seltene Terrassenanbau von Oliven betrieben wird, teils gemischt, teils ausschließlich. Montefioralle selbst ist ein mittelalterliches, aber etruskisch aussehendes Dorf in spektakulärer Hügellage. Anstatt die besagte Abzweigung zu nehmen, können Sie auch einen halben Kilometer langen Umweg geradeaus fahren. Sie gelangen dann zu dem kleinen, aber hochangesehenen Weingut Vecchie Terre di Montefili.

Nördlich aus Greve hinaus führt die Chiantigiana, die «Weinstraße», die sich von unterhalb Florenz bis Siena mitten durch das Chianti Classico windet. Binnen fünf Minuten tauchen links die Weingüter Villa Calcinaia, Castello di Verrazzano und Castello Vicchiomaggio auf. Ihre Reben wachsen auf *alberese*, dem klassischen Kalksteinboden, der für das Chianti Classico typisch ist.

Östlich von Greve geht es langsamer vorwärts. Der Boden hier hat mehr Sandstein, und es gibt weniger Güter; aber folgen Sie der Straße bis Figline Valdarno, und Riseccoli taucht auf, dann Castello di Querceto und direkt an der Grenze des Chianti-Classico-Distrikts Carpineto.

EMPFOHLENE ERZEUGER

Vecchie Terre di Montefili
Tel. 055/853739
Kleines Weingut mit vielgepriesenen Weinen, vor allem dem Chianti Classico Anfiteatro Riserva und dem Super-Toskaner Bruno di Rocca (Sangiovese/Cabernet).

Villa Calcinaia
Tel. 055/854008
Seit dem 16. Jahrhundert im Besitz der Familie Capponi. Gut gebaute, saubere Weine. Direktverkauf.

Castello di Verrazzano
Tel. 055/854243
Ursprünglich eine etruskische Siedlung; Weinerzeugung belegt seit dem 12. Jahrhundert. Hoch über dem Greve-Tal gelegen, hervorragender Blick auf die Weinberge. Das Gut wurde im 7. Jahrhundert von der Familie Verrazzano gekauft (ein 1485 geborener Nachfahre landete in der Gegend des heutigen New York und erforschte einen Großteil der Ostküste der USA). Sorgfältig gemachte Weine, überwiegend Chianti Classico. Herzliche Gastlichkeit.

Castello Vicchiomaggio
Tel. 055/854079
Eindrucksvolles quadratisches Gebäude mittelalterlichen Ursprung mit 22 ha. Kompakte, stilvolle Weine. Chianti Classico Riserva Petri und Prima Vigna krönen das Sortiment, zu dem der Chianti Classico Boscorotondo und die Super-Toskaner Ripa della More (Sangiovese/Cabernet) und Ripa delle Mimose (Chardonnay) zählen. Agriturismo-Wohnungen: Weinfreunde werden bevorzugt. Festsäle. Weinproben gegen Entgelt.

Riseccoli
Tel. 055/853598
Um die Jahrhundertwende von dem Bildhauer Romano Romanelli gekauft. 11 ha Weinberg in guter Lage. Olivenöl. Agriturismo-Wohnungen.

Castello di Querceto
Tel. 055/8549064
Auf 470 Meter über dem Meer überblickt diese strategisch wichtige Anlage langobardischen Ursprungs das Tal. Ende des 15. Jahrhunderts zerstört, später in ähnlichem Stil als Landhaus wieder aufgebaut. Weitere Restaurationen folgten. Über ein Dutzend fest strukturierter Weine, geführt vom Chianti Classico Il Picchio, den Super-Toskanern La Corte (Sangiovese) und Querciolaia. Agriturismo-Wohnungen.

Rechts: *Das gemäßigte Klima und der günstige Boden von Panzano bringen einige der feinsten Chianti Riserva hervor.*

Carpineto
Tel. 055/8549062
Relativ neues Weingut mit breiter Palette sorgfältig bereiteter, gut ausgewogener, vertrauenswürdiger Weine aus anderen Trauben und Gegenden der Toskana neben dem Standbein Chianti Classico.

Querciabella
Tel. 055/853834
Guter Chianti Classico und Super-Toskaner Camartina (Sangiovese/Cabernet Sauvignon). Angenehmer Degustationsraum, Weinproben nach Vereinbarung.

Vignamaggio
Tel. 055/853559
Sorgfältig restauriertes Landhaus aus dem 15. Jahrhundert mit schönem italienischen Garten. Hier wurde Mona Lisa geboren. 160-ha-Weingut, davon 32 ha bestockt. Wein wird hier mindestens seit 1400 erzeugt. Nach einer Durststrecke gewannen die Weine ihren früheren hohen Rang zurück, besonders der Chianti Classico Mona Lisa und der Super-Toskaner Gherardino (100% Sangiovese). Olivenöl. Agriturismo-Wohnungen.

Lamole
Tel. 055/9501005
22 ha Reben an gutem Standort.

PANZANO

HOTEL

Villa Sangiovese
Tel. 055/852461
Attraktiv und komfortabel, mit Swimmingpool. Im Winter geschlossen.

RESTAURANTS

Il Vescovino
Tel. 055/852464
Traditionelle Zutaten, gediegen zubereitet. Im Sommer Tische im Freien.

Trattoria del Montagliari
Tel. 055/852184
Auf dem Weingut gelegen: beliebt bei Einheimischen und Florentinern. Im Winter brennt ein Kaminfeuer in dem langen, rechteckigen Raum mit seinen dunklen Holzbänken. Die Speisen sind herzhaft und würzig, meist Fleischgerichte. Große Portionen. Durchweg Zutaten der Region je nach Jahreszeit.

ENOTECA

Enoteca del Chianti Classico

Südlich von Greve fahren Sie wieder auf der Chiantigiana, durch ein langes, friedliches Stück Wald. Entweder Sie bleiben bis Panzano auf der Chiantigiana, oder Sie biegen kurz hinter Greve links ab und gleich wieder rechts und machen eine Rundtour über etliche Weingüter. Auf Savignola Paolina, seit über 200 Jahren im Besitz der Familie Fabbri, folgt Vignamaggio, dann Castellinuzza aus dem 16. Jahrhundert. La Doccia, das seit dem 16. Jahrhundert der Familie Cinuzzi gehört, kommt als nächstes, dann Filetta und die Burg Lamole (offiziell Lamole di Lamole, zur Unterscheidung vom gleichnamigen Dorf), eine der wichtigen Festungen Greves aus dem 15. Jahrhundert.

Wenn Sie kurz hinter Lamole (dem Weingut) rechts abbiegen, sind Sie schon im Gebiet Panzano.

EMPFOHLENE ERZEUGER

Montagliari
Tel. 055/48 38 19
Seit 1730 im Besitz der Familie Cappelli. Mittelgroßes Weingut. Gute Weine. Ungewöhnlich trockener Vin Santo. Agriturismo-Wohnungen. *Trattoria.*

Cennatoio
Tel. 055/85 21 34
Kleines, gastliches 8-ha-Anwesen. Gute Weine.

Castello dei Rampolla
Tel. 055/85 20 01
Ziemlich hochgelegener Weinberg von 36 ha. Bestangesehener Super-Toskaner Sammarco (hauptsächlich Cabernet), aber der Chianti Classico ist auch sehr fein.

La Massa
Tel. 055/85 27 01
Im Besitz fröhlicher Neapolitaner. Weine von Jahr zu Jahr besser: besonders gut in schlechten Jahren. 12-Bett-Villa verfügbar.

Vignole
Tel. 055/59 20 25
Sehr gastfreundlich; gute Weine.

Le Masse di San Leolino
Tel. 055/85 21 44
Englischer Besitzer, Norman Bain. Erzeugt wenig, aber sehr guten Wein: elegant und fest.

Fontodi
Tel. 055/85 20 05
33 ha Reben und erlesene Weine. Flaccianello della Pieve einer der besten Super-Toskaner in Chianti mit 100% Sangiovese. Chianti Classico und der Lagenwein Vigna del Sorbo phantastisch.

Il Poggiolino
Sambuca Val di Pesa, Tel. 055/807 16 35
Ein Besuch dieses Weinguts lohnt sich wegen des überaus freundlichen Empfangs. (Nach Sambuca geht es kurz hinter dem Ortsanfang von Greve nach rechts ab.) Offene, runde Chianti.

PANZANO

Panzano gehört offiziell zur Gemeinde Greve, wird aber meistens wie eine eigene Gemeinde behandelt. Es ist viel ruhiger als Greve, weil es vergleichsweise wenig Einwohner hat. Mit seinen steilen, engen Gassen ist es eines der schönsten Dörfer des Chianti. Oben auf dem Hügel steht eine gut gepflegte Kirche, aber die wirkliche Attraktion ist ein Stückchen weiter unten rechts: eine weitere *macelleria*, die sich schlicht Dario nennt. Zu klassischer Musik bedient Dario seine Kunden, die seiner erstklassigen Fleisch- und Wurstwaren wegen teilweise sogar aus Florenz kommen. Dario züchtet selber Schafe und verkauft bratfertige Fleischscheiben für feine Mahlzeiten, große Gesellschaften oder auch Picknicks.

BARBERINO

EMPFOHLENE ERZEUGER

Isole e Olena
Tel. 055/8072763
Besitzer Paolo de Marchi erzeugt herrliche, intensiv fruchtige Weine mit viel Charakter. Im Weinberg aufwendige Neuanlage von Terrassen in guter Lage mit vorzüglichem *Galestro*-Boden. Weine: Chianti Classico; Cepparello, vielgelobter Super-Toskaner (100% Sangiovese); Vin Santo; Syrah, Cabernet Sauvignon, Chardonnay.

Le Filigare
Tel. 055/8072796
Kleines Gut. Agriturismo-Wohnungen.

Villa Francesca
Tel. 055/8072849
Winziges Weingut mit Agriturismo-Wohnungen, eigenem Restaurant und einem kürzlich erbauten kleinen Hotel.

Casa Sola
Tel. 055/8075028
Großes Gut mit Agriturismo-Wohnungen, Tennisplätzen und Swimmingpool. Erzeugt auch Vin Santo und Olivenöl.

Casa Emma
Tel. 055/8072859
Ein Steinhaus oben auf dem Hügel mitten im Weinberg. Prämiierte Weine.

Fattoria La Ripa
Tel. 055/8072948
Agriturismo-Wohnungen. Eigene Hummerzucht!

Castello della Paneretta
Kastell aus dem 15. Jahrhundert, Ende des 17. Jahrhunderts restauriert. Agriturismo-Wohnungen. Gruppenverkostungen; Mahlzeiten und Imbisse erhältlich.

Fattoria Monsanto
Tel. 055/8075131
Weine von sehr hoher Qualität und langer Lagerfähigkeit.

BARBERINO

Die kleine Ortschaft Barberino liegt außerhalb des Chianti-Classico-Distrikts, aber ihre Gemarkung reicht weit hinein und umfaßt ein halbes Dutzend oder mehr wichtiger Weingüter. Sie ist von Panzano oder Castellina aus leicht zu erreichen und nur einen Katzensprung entfernt von der Ausfahrt San Donato der Superstrada Florenz-Siena.

Von Panzano kommend, biegen Sie an der Abzweigung nach San Donato rechts ab (von Castellina kommend links). Das winzige La Piazza hat außer vielleicht einem Espresso wenig zu bieten, aber ein paar Kilometer weiter führt ein Weg links zu Le Filigare ab, dem ersten Barberino-Weingut. An der nächsten Gabelung geht es rechts nach San Donato in Poggio, einer Untergemeinde von Barberino, wo eine eindrucksvolle Kirche aus dem 11. Jahrhundert steht. Fahren Sie links (Castellina ausgeschildert) in das Herzland von Barberino mit seiner vielgestaltigen Landschaft: Reben, Olivenhaine, Pinienwald und steile Hügel. Viele Weinberge haben den Tonschieferboden *galestro*, der schwer zu bearbeiten ist, aber exzellenten Wein hervorbringt.

Die erste Piste rechter Hand führt zur Villa Francesca, die zweite, etwa drei Kilometer weiter, zur Casa Sola, einem bedeutenden Agriturismo-Komplex. Nach diesen Abzweigungen tauchen Casa Emma und Fattoria La Ripa auf. Biegen Sie dann rechts nach Olena ab. Von dort fahren Sie auf der schmalen Schotterstraße zu den Gütern Isole e Olena, Castello della Paneretta und Fattoria Monsanto. Die letzten beiden sind quadratische, massiv gebaute Trutzburgen. Die Rivalität zwischen Florenz und Siena ist heute freundschaftlich, aber in früheren Jahrhunderten waren befestigte Burgen ein notwendiger Schutz vor feindlichen Invasionen.

Rechts: *Der charakteristische Charme der ländlichen Toskana.*

Ganz rechts: *Eine blumenverzierte Treppe an einem Haus in dem Dorf Barberino.*

CASTELLINA

HOTELS

Tenuta di Ricavo
Ricavo
Tel. 0577/740221
Spitzenhotel.

Salivolpi
Castellina
Tel. 0577/740484
Traditionell angelegt und eingerichtet, einfach, geruhsam und angenehm. Im Winter geöffnet.

Hotel San Leonino
San Leonino
In ähnlichem Stil wie Salivolpi, aber ein wenig gehobener.

Casafrassi
Quercegrossa
Tel. 0577/740621
Gutes Renommee.

RESTAURANTS

Albergaccio di Castellina
Tel. 0577/741042
Trattoria/Restaurant mit gutem Ruf, bekannt für seine Weinkarte. Wohlschmeckende Speisen, traditionell toskanisch mit moderner Note. Nicht billig, aber angemessen.

La Torre
Tel. 0577/740236
Fast immer geöffnet, stets voll; eine *trattoria*, wie sie im Buche steht. Großzügige Portionen einfacher, traditioneller Speisen, gut zubereitet und schmackhaft. Nichts für Leute, die abnehmen wollen. Recht gute Auswahl an Chianti und ein oder zwei anderen Weinen.

Pietrafitta
Ortsteil Pietrafitta, Tel. 0577/741153
Eine echte Abwechslung zur toskanischen Tradition: Gerichte aus aller Welt. Kein Wunder, denn die Besitzer sind Neuseeländer. Durchgehend geöffnet.

ENOTECHE

Enoteca le Cantuccio
Via Ferruccio 25

Bottega del Vino Chianti Classico
Via della Rocca 10

EMPFOHLENE ERZEUGER

Casanova di Pietrafitta
Tel. 0577/740200
In traditioneller Form rekonstruiertes, reizvolles Bauernhaus. Winziges Weingut. Agriturismo-Wohnungen; Weinproben für kleine Gruppen.

Poggio al Sorbo
Tel. 0577/733518
Sehr hübsches kleines Gut aus dem 12. Jahrhundert. Agriturismo-Wohnungen, Swimmingpool. Gute Weine. Erzeugt auch Öl, Olivenpaste und Eingemachtes.

CASTELLINA

Wenn Chianti Classico das Herz des Chianti ist, dann ist Castellina, mit vollem stolzen Titel Castellina in Chianti, das Zentrum des Herzens. Die Gemeinde hat mehr offenes Land als Greve oder Barberino; das bezaubernde Landschaftsbild ist sanfter, mit eingestreuten Wiesen und weinbedeckten, welligen Hügeln. Die Reben wachsen hauptsächlich auf *alberese* oder Sandstein, doch es gibt auch Oberböden mit zum Teil recht schwerem Ton. Herrliche Zypressenreihen sind zu sehen. Die Bäume stehen gewöhnlich paarweise, entweder zu vielen am Rand von Auffahrten oder allein: zwei Zypressen markieren traditionell eine Grundstücksgrenze.

Nach Castellina sind es von Panzano auf der Chiantigiana 15 bis 20 Minuten Fahrt; ähnlich weit ist es von der Superstrada-Ausfahrt San Donato. Es liegt auch recht nahe bei Poggibonsi und San Gimignano, bei Radda und nicht weit von Siena. Castellina ist das ideale Zentrum, wo man gut ißt, gut trinkt und viele angenehme Übernachtungsmöglichkeiten findet.

Der Ort verbreitet eine ruhige, traute Atmosphäre, ohne Hektik geht man hier seinen Geschäften nach. Die Piazza ist klein, kaum mehr als eine ausgebaute Kreuzung, aber die davon abgehenden Straßen sind eine geordnete Mischung von Läden, Geschäfts- und Wohnhäusern. Castellina liegt über 550 Meter hoch auf einem Hügelrücken. Hinter der

Großes Bild: *Morgennebel hüllen ein Bauernhaus und einen Weinberg im Chianti ein.*

Unten: *Frische Ravioli können verschiedene Füllungen haben.*

Hauptstraße zieht sich der lange überdachte Korridor der Via delle Volte hin: auf der einen Seite die Häuserfront, auf der anderen ein atemberaubender Blick über das Chianti.

Zwei Strecken aus der Ortschaft hinaus lohnen sich wirklich: die nach Norden und die nach Süden und Südwesten (letztere wird Castellina Scalo genannt). Wenn Sie die Panzano- und Barberino-Routen bereits gefahren und von San Donato/Barberino gekommen sind, haben Sie von der Nordstrecke schon etwas mitbekommen; aber wenn Sie die Zeit haben, ist ein zweites Mal sicherlich lohnend.

Die Nordroute führt auf der Chiantigiana aus Castellina hinaus, links an Casanova di Pietrafitta, Il Faggeto und Quercetorta sowie rechts an Pietrafitta vorbei. Eine Waldstrecke ohne Reben führt zur Abzweigung nach San Donato. Fahren Sie links, entweder die «Hauptstrecke» oder die «Abkürzung». Die erste führt Sie vorbei an Poggio al Sorbo und durch einen Teil von Barberino. Wenn Sie den Schildern nach Castellina folgen, landen Sie an der Abbiegung zu dem Ruffino-Weingut Santedame wieder in Castellina. Auf der «Abkürzung» fahren Sie gleich wieder links (zu Nittardi). Diese Strecke, nur halb so lang wie die andere, ist eine von Chiantis berühmten «weißen Straßen» (ungeteert, schmal, holperig), so daß die Fahrt doppelt so lang dauern kann. Sie führt an Buondonno vorbei und kurz darauf an der Nebenpiste zu Nittardi und schlängelt sich dann durch die Landschaft, um schließlich wieder an der Abzweigung zu

Ruffino
Tel. 055/8368307
Riesenunternehmen mit Stammhaus in Pontassieve in Chianti Rufina, das einfachen Chianti und Chianti Classico in großen Mengen erzeugt. Auch etliche Besitzungen in der Zentraltoskana – Santedame hier in Castellina z.B. –, die qualitativ hochwertige Weine produzieren. Breites Angebot, darunter der Chianti Classico Riserva Ducale; die Super-Toskaner Cabreo Il Borgo (rot), Cabreo La Pietra (weiß); Libaio (Chardonnay/Sauvignon), Nero del Tondo (Pinot nero) u.v.a. Auch Weingüter in Montalcino und Montepulciano.

Buondonno
Tel. 0577/733603
Kleiner Familienbetrieb. Agriturismo-Wohnungen.

Nittardi
Tel. 0577/740269
Einstige Festung namens Nectar Dei in einem Gebiet zwischen Florenz und Siena, das früher heiß umkämpft war. Unterstand einmal Michelangelos Neffen. 120 ha Wald, aber nur 8 ha Weinberg. Die Weine (vor allem Chianti Classico) sind stilvoll und von sehr hoher Qualität. Agriturismo-Wohnungen; Mahlzeiten, Imbisse und Weinproben auf Anfrage.

Il Villino
Tel. 0577/741178
Bauernhaus aus dem 19. Jahrhundert mit Agriturismo-Wohnungen.

Tregole
Tel. 0577/740991
Agriturismo-Wohnungen.

Castello di Fonterutoli
Tel. 05 77/74 03 09
Seit 1435 im Besitz der Familie Mazzei. 34 ha Weinberg; hoch angesehene Weine: Chianti Classico Ser Lapo und Super-Toskaner Concerto (Sangiovese/Cabernet) sind die Spitzenprodukte.

San Leonino
Tel. 02 90/96 09 31
1988 von Velm S.p.A. gekauft, einem Mailänder Unternehmen mit Besitzungen auch in Montalcino und Montepulciano. Jetzt hoch technisiert. Agriturismo-Wohnungen. Gruppenverkostungen.

Fortezza di Tuopina
Tel. 05 77/74 30 73
Großes Weingut, das auch Olivenöl produziert.

Lilliano
Tel. 05 77/74 30 70
Großes Weingut im Besitz der Principi Ruspoli. Mittelalterliche Anlage, aber gelungen umgebaut. Gut gelegene Weinberge. Agriturismo-Wohnungen.

Rechts: *Canaiolo ist ein regulärer Bestandteil des Chianti-Traubensatzes; allerdings verwendet man die Rebe dafür nur noch selten, weil nach heutiger Geschmacksempfindung der Wein um so besser gerät, je höher sein Sangiovese-Anteil ist.*

Oben: *Eine malerische Zypressenreihe, die quer über einen Hügel in der Toskana verläuft.*

Nittardi herauszukommen. Der Blick über das westliche Chianti ist großartig: bei klarem Wetter sieht man in der Ferne San Gimignano. Der Rückweg nach Castellina führt über die Macia Morta, einen 600 Meter hohen Bergrücken.

Mit der Südroute verlassen Sie Castellina auf der Chiantigiana Richtung Siena. Links liegen Il Villino und Tregole, in weiteren fünf Minuten sind Sie in dem friedlichen Weiler Fonterutoli, der zum Großteil mit dem Weingut Castello di Fonterutoli verbunden ist und der adeligen Gutsbesitzerfamilie Mazzei gehört. Die Straße durchschneidet dann eine Ecke der Gemeinde Castelnuovo Berardenga. Biegen Sie bei nächster Gelegenheit scharf rechts ab auf eine unge-

teerte Straße, vorbei an Le Galozzole (Direktverkauf!) zum Gut San Leonino. Wenn Sie sich San Leonino nähern, liegt die Fortezza di Tuopina linker Hand. Dies ist ein besonders ansprechender Teil der Gemeinde: weit, mild und mit schönen Panoramen. Eine der majestätischsten Zypressenreihen der Toskana kommt bald in Sicht. Dies sind Lilliano-Ländereien, wie die Schilder, die das Jagen freigeben, bestätigen. Ein Stückchen weiter blockiert das eindrucksvolle Gut Lilliano praktisch die Straße. Sie umfahren es, und weiter geht's nach Westen (Richtung Poggibonsi). Nach der Burg Bibbiano links fahren Sie hinauf zu Rodano und wieder hinab zu San Fabiano Calcinaia. Die Gebäude des Weinguts liegen knapp außerhalb der Chianti-Classico-Grenze, daher kehren Sie um und kommen bei Lilliano links auf schmaler Straße Richtung Rocca delle Macìe, einem der größten Weingüter des Chianti.

Für einen dritten Abstecher können Sie hinter Castellina links abzweigen, vorbei an Cellole und dann Castellare, Rufone, Brancaia, Villa Rosa, Picini und Gretole. Von dort geht es weiter nach Poggibonsi und San Gimignano.

Rodano
Tel. 0577/743107
Elegante Weine von den besten Weinbergen eines Guts mit über 100 ha.

San Fabiano Calcinaia
Tel. 0577/979232
Überreste mittelalterlicher Besiedlung. Ziemlich großes Weingut, das Land aufgeteilt zwischen San Fabiano und Cellole. Gut gelegener Weinberg; ausgewogene und langlebige Weine. Agriturismo-Wohnungen. Leichte Mahlzeiten.

Rocca delle Macìe
Tel. 0577/743220
Großer Komplex in winzigem Dorf aus dem 14. Jahrhundert. Fast 250 ha Rebfläche. Anständige Qualität bei großen Mengen, normaler Chianti Classico und etwa ein Dutzend andere Weine, ferner die erstklassigen Chianti Classico Fizzano und Super-Toskaner Ser Gioveto (Sangiovese). Auch Olivenöl und Honig. Sehr gastlich (unbedingt anmelden). Direktverkauf und Weinproben. Agriturismo-Wohnungen.

Castellare
Tel. 0577/740362
In den 60er Jahren von einem großen Gut abgespalten. Jetzt 20 ha Weinberg in guter Lage. Nüchterner Weinkeller. Sehr gut der Chianti Classico und der Super-Toskaner I Sodi di San Niccolò (Sangiovese/Malvasia nera). Auch Chardonnay, Sauvignon und Vin Santo. Olivenöl. Agriturismo-Wohnungen.

Oben: *Ein Bauernhaus bei Castellina in Chianti. In diesem Teil des Chianti-Gebiets wachsen die Rebstöcke auf* Alberese-*Böden (Sandstein), zwischen denen immer wieder Tonschichten zutage treten.*

RADDA

HOTEL

Relais Fattoria Vignale
Tel. 05 77/73 83 00
Stille, friedliche Zimmer, traditionell angelegt und eingerichtet, aber mit allem modernen Komfort. Swimmingpool.

RESTAURANTS

La Taverna del Chianti
Via del Sergente, Vagliagli
Tel. 05 77/32 25 32
Einfache *trattoria*; sehr gutes Essen. Im Winter geschlossen.

Ristorante Vignale
Tel. 05 77/73 80 94
Gepflegt, traditionell toskanisch. Teuer.

Le Vigne
Tel. 05 77/73 86 44
Die seltene Gelegenheit, inmitten eines Weinbergs zu speisen.

Unten: *Das kleine, ruhige und sehr hübsche Vagliagli bietet sich für einen gemütlichen Spaziergang an.*

RADDA

Mit mehreren über 600 Meter hoch gelegenen Weingütern ist die Gemeinde Radda im östlichen Chianti eine der höchsten des Chianti Classico. Der Wald hat hier mehr Laubbäume als weiter westlich, und es gibt sogar ein paar Buschwaldgebiete. Der Boden ist dunkler, stellenweise rötlich, wenn auch südlich des Ortes *alberese* und in den höheren Lagen im Norden Sandstein vorherrschen.

Der Ort Radda wird am Südende von einem häßlichen Lagerhaus verschandelt, und obwohl der Ortskern recht hübsch ist, fehlt ihm der Charakter von Castellina oder Panzano. Es gibt jedoch einen guten Feinkostladen, Porciatti, sowie eine *enoteca-paninoteca*, eine Wein- und Brothandlung. Hier wurde auch 1924 das Consorzio Chianti Classico (siehe S. 45) gegründet: den früheren Sitz (neben dem Relais Vignale) ziert jetzt eine Gedenktafel.

Radda erreicht man am besten von Castellina aus. Es gibt eine ziemlich direkte Strecke nach Osten (10 bis 15 Minuten), die aber unter Weinaspekten uninteressant ist. Die längere Strecke, eine wunderschöne Schlängelstraße durch dichten Wald, ist eine viel reizvollere Alternative. Fahren Sie von Castellina aus auf der Chiantigiana südlich und nach fünf Minuten beim Schild nach Vagliagli links auf eine Schotterstraße. Ein paar alte Mühlsteine, mit denen früher Oliven zerquetscht wurden, liegen am Straßenrand, zur Rechten der Weiler Fonterutoli. Auf einem nach rechts zeigenden

Schild steht «Necropoli Etrusca», aber wenn Sie kein Geländefahrzeug haben, sollten Sie diese kleine etruskische Gräberstätte zu Fuß besuchen. Das Weingut oben links ist Tregole. Die Straße windet sich bergauf und bergab, bis Sie von einer Kuppe aus eine bessere Aussicht haben – unten im Tal sehen Sie rechts Quercegrossa.

Bevor Sie links durch Vagliagli fahren, machen Sie einen Schlenker bergab nach rechts, dann nach etwa 100 Metern links. Sie kommen auf eine wunderbar friedliche Waldpiste, zu einer «Schutzoase» (geschützt vor Jägern) und schließlich zu dem großen, modernen Weingut Dievole. Vagliagli selbst ist ein hübsches Hügeldorf, das einen Besuch wert ist, und sei es nur, um einen Happen zu essen.

Weiter nach Norden Richtung Radda kommen Sie über Aiola zum letzten Weingut vor der Ortschaft, Terrabianca. Von Radda aus kann man ein paar Rundfahrten unternehmen, die leicht an einem halben Tag zu bewältigen sind. Eine davon sollten Sie nicht versäumen. Biegen Sie an der ersten Kreuzung hinter dem Ort links ab, dann nach ein paar Kilometern rechts. Die nächste Gabelung ist der Anfang (und das Ende) Ihrer Runde. Fahren Sie rechter Hand bergauf durch die typische Chianti-Mischung von Weinberg, Olivenhain und Wald, bis Sie nach Pruneto und (auf einem Weg linker Hand) ein paar Minuten später nach Volpaia kommen. Die Kirche zur Linken ist Santa Maria Novella.

Die Gebäudegruppe, die das Castello di Volpaia bildet, ist beinahe ein eigenes Dorf. Außer Weinkellern, Vinifikationsgebäuden und einem *frantoio* gibt es Arbeiterhäuser, eine Kirche und sogar einen kleinen Laden mit Lokal – der Kaffee ist ausgezeichnet. (Versperren Sie nicht den Weg mit Ihrem Auto, weil oft Weinladungen transportiert werden.) Nach ein paar weiten Linkskurven biegen Sie an der nächsten Einmündung nach links ab und fahren über Castelvecchi und Santa Maria Novella wieder ins Tal. Das wunderschön erhaltene, friedvolle Volpaia liegt jetzt auf der anderen Talseite.

Oben links: *Die Bezeichnung* pizzicheria *findet man vor allem in Florenz und Umgebung. Die meisten kleinen Orte haben mindestens einen Laden, der Wurst, Käse und andere Lebensmittel verkauft.*

Oben rechts: *Die Weinberge von Radda liegen fast alle an steilen Abhängen, die Häuser auf der Spitze einer Anhöhe – ein Hinweis auf seine kriegerische Vergangenheit.*

FEINKOSTGESCHÄFTE

Castello di Vagliagli
Vagliagli
Neben einem Restaurant.

Porciatti
Piazza IV Novembre 1
Große Auswahl an qualitätvollen Lebensmitteln.

ENOTECA

Enoteca/Paninoteca
Wein- und Brotgeschäft.

EMPFOHLENE ERZEUGER

Aiola
Tel. 0577/322615
Aiola, ursprünglich ein befestigtes Kastell aus dem 12. Jahrhundert, ist berühmt für seinen Widerstand an der Sieneser Frontlinie 1554. Heute ein freundliches 26-ha-Weingut mit schönem Landhaus und großem Degustationsbereich. Erzeugt den Super-Toskaner Logaiolo (Sangiovese), Bianco Val d'Arbia ebenso wie Chianti Classico.

Terrabianca
Tel. 0577/738544
Bauernhaus aus dem 17. Jahrhundert, komplett modernisiert, mit eigenem Weinladen.

Podere Terreno
Tel. 0577/738312
Bauernhaus aus dem 15. Jahrhundert. Weiche, sehr süffige Weine. Freundlicher Empfang.

Pruneto
Tel. 0577/738532
Kleiner Familienbetrieb, Gäste sind gern gesehen (trotz des grimmigen Wachhunds). Nur eine Agriturismo-Wohnung. Die Weine sind ausgezeichnet: Weinproben müssen angemeldet werden.

Castello di Volpaia
Tel. 0577/738066
Eines der höchstgelegenen (500 m) und höchstangesehenen Güter im Chianti, das auf 37 ha kräftige, ausdrucksstarke, volle Weine produziert: die Super-Toskaner Coltassala (hauptsächlich Sangiovese) und Balifico (hauptsächlich Cabernet und Sangiovese), Torniello (weiß, Sauvignon-Sémillon), Bianco Val d'Arbia, Vin Santo wie auch Chianti Classico. Der einzige offiziell zugelassene Erzeuger von Weinessig in der Toskana. Macht auch Olivenöl und Honig. Direktverkauf. Agriturismo-Wohnungen.

Castelvecchi
Tel. 0577/738050
Einst bedeutende mittelalterliche Siedlung und ein etruskisch-römischer Knotenpunkt. Wurde im 18. Jahrhundert zu Castelvecchi, als es in den Besitz der Familie de' Vecchi kam. Agriturismo-Wohnungen.

Fattoria di Monte Vertine
Tel. 0577/738009
Eines der wenigen Weingüter, die zu keinem Chianti-Classico-Consorzio gehören und mithin nur Super-Toskaner produzieren. Besitzer ist der joviale Sergio Manetti, der es nie bereut hat, daß er seine Karriere als Geschäftsmann aufgegeben hat und Weinhersteller geworden ist. Die Weine sind

Erneut an der Einmündung, zweigen Sie links nach Radda ab, aber fahren an der nächsten Gabelung wieder links (statt rechts zurück in die Ortschaft). Auf dieser Straße hat es an Rebstöcken und Weingütern keinen Mangel. Riesige Weinbergflächen entbreiten sich zur Linken. Ein paar Minuten weiter führt links ein Weg steil hinauf zu Monte Vertine, einem Weingut auf einer Kuppe, wo man den herrlichsten Ausblick über die Chianti-Hügel hat. Gleich hinter der Abfahrt zu Monte Vertine liegt rechts Poggerino.

Die nächste Piste zur Linken führt hinauf zum Podere Capaccia, das auf einem Hügel des Pesa-Tals gegenüber von Volpaia liegt und eine Aussicht ähnlich wie Monte Vertine bietet. Im Mittelpunkt des Anwesens liegt ein bemerkenswert gut erhaltener mittelalterlicher Weiler, aber die Straße ist schlecht. Eine Abzweigung führt zu Crognole. Das nächste Weingut ein paar Minuten weiter ist Castello d'Albola, und dann kommen zwei dicke Türme inmitten eines Haufens von *poderi* (kleinbäuerliche Parzellen), jedes mit einem kleinen Bauernhaus drauf. So sahen während der *mezzadria* (siehe S. 9) die meisten Güter aus, aber heute ist jedes *podere* mit dazugehörigem Haus in eigenem Besitz. Albola selbst, nicht im Blickfeld der beiden bedrohlichen Türme, ist ein wunderschöner, stiller kleiner Fleck mit harmonisch restaurierten Gutshäusern. Es ist zudem Raddas nördlichstes Weingut – also Zeit umzukehren.

phantastisch und werden jedes Jahr noch besser: Monte Vertine (das Gegenstück zum Chianti Classico), Le Pergole Torte (100% Sangiovese), Il Sodaccio (hauptsächlich Sangiovese), M (der Weiße mit dem rätselhaften Namen), Vin Santo u.a.

Poggerino
Tel. 0577/738232
Kleines, freundliches Weingut mit Wurzeln bis ins 13. Jahrhundert. Schöne, ansprechende, gut fruchtige Weine. Agriturismo-Wohnungen.

Podere Capaccia
Tel. 0577/738385
Kleines Gut mit qualitativ hochwertigen Weinen. Chianti Classico und Super-Toskaner Querciagrande (Sangiovese). Agriturismo-Wohnung; Mahlzeiten oder Imbisse erhältlich.

Crognole
Tel. 0577/738368
Das Haus war im 13. Jahrhundert ein Wachturm.

Links: *Der Frühling ist die Jahreszeit der zarten Zucchiniblüten, der Saubohnen, die manchmal roh im Salat gegessen werden, und des Spargels.*

Links: *Die Steinfassaden der Gebäude in Radda strahlen eine sanfte Wärme aus.*

Oben: *Im Hintergrund des Klosters Santa Maria das auf einer Anhöhe liegende Radda.*

GAIOLE

HOTEL

Hotel San Sano
San Sano
Tel. 05 77/74 61 30
Gemütliches Hotel mit gut ausgestatteten Zimmern. Swimmingpool. Eigene Weine u.a. Erzeugnisse.

RESTAURANTS

Ristorante Carloni
Via G. Pucini 24
Tel. 05 77/74 95 49
Gut ausgeschildert in einer Seitenstraße gleich außerhalb der Ortschaft. Schmackhaft zubereitete toskanische Kost mit guten Zutaten. Ordentliche Weinauswahl (alle aus Gaiole). Nicht teuer. Mittwochs geschlossen.

Grotta della Rana
San Sano
Tel. 05 77/74 60 20
Gute traditionelle Speisen; im Sommer Tische im Freien. Mittwochs geschlossen.

L'Osteria di Badia a Coltibuono
Coltibuono
Tel. 05 77/74 94 24
Einfache Küche: Röstbrote, *salumi*, hausgemachte *pasta*, ordentlich zubereitetes Fleisch; alles mit viel Geschmack. Weine vom Gut. Montags geschlossen.

EMPFOHLENE ERZEUGER

Castello di San Polo
Tel. 05 77/74 60 45
Beeindruckendes Kastell, völlig umgebaut, dabei eine kleine Kirche mit vielen Fresken. Das Gut produziert jetzt edlen Chianti Classico, die Super-Toskaner Cetinaia (100% Sangiovese), Coccole (Sauvignon/Sémillon) u.a. auf 25 ha in guter Sonnenlage.

Castello di Ama
Tel. 05 77/74 60 31
Großes Weingut mit stilvollen Weinen von hoher Qualität. Chianti Classico hauptsächlich von Einzellagen. Auch eine ungewöhnlich breite Palette anderer Rebsorten: Sauvignon, Pinot grigio, Chardonnay, Merlot und überraschenderweise Pinot nero; von jeder wird ein reinsortiger Wein von einem eigenen Weinberg erzeugt.

Podere Il Palazzino
Tel. 05 77/74 70 08
Am bekanntesten für den Super-Toskaner Grosso Senese (100% Sangiovese). Für Weinproben Anmeldung erforderlich.

Castello di Cacchiano
Tel. 05 77/74 70 18
Seit dem Mittelalter im Besitz der Familie Ricasoli Firidolfi. Agriturismo-Wohnung. Direktverkauf.

GAIOLE

Der Ort liegt nur fünf Kilometer südöstlich von Radda, doch selbst die direkteste Verbindung ist zwei- bis dreimal so lang. Einige Weingüter der Gemeinde sind Radda genauso nahe wie Gaiole, so daß Radda der beste Ausgangspunkt für jede Tour ist. Die ganze Fahrt läßt sich bequem an einem halben Tag absolvieren.

Verlassen Sie Radda, wie Sie gekommen sind, nur daß Sie an der Gabelung, wo es nach Vagliagli oder Lecchi geht, links nach Lecchi statt zurück nach Vagliagli fahren. Kurz dahinter geht es rechts zu einer hübschen, ruhigen Kirche hinauf, San Giusto in Salcio.

Weiter südlich nach Gaiole hinein wird das Gelände recht gemischt. Die Erde ist in diesem westlichen Teil praktisch durchweg *alberese* (im Osten Sandstein), und überall sind Weinberge. Nach und nach werden die Olivenbäume und die üblichen Waldstücke mehr. Eine lange Zufahrt rechts führt zu dem imposant wirkenden San Polo in Rosso, und fast sofort dahinter, ebenfalls rechts, steigt eine andere über einen welligen Hügelrücken zum Castello di Ama empor. Um das Weingut zu finden, folgen Sie den Schildern zur «Fattoria di Ama»; nicht bloß «Ama» oder «Casanuova di Ama», denn das ist ein eigenes Gut. Castello di Ama ist groß und zweckmäßig gebaut, fügt sich aber gut in die Landschaft. Die Fahrt um den Komplex herum lohnt sich schon wegen des Panoramablickes auf das ganze umliegende Land.

Oben: Bruschetta al pomodoro, *Brot mit einer Tomatensauce – eine hiesige Spezialität.*

Zwei Bilder von dem großen Gut Rocca di Castagnoli: die Keller (links) *und* rocca, *die Burg* (unten).

Kurz vor Lecchi kommt links ein unglaublicher, fast völlig kegelförmiger Hügel, an den sich das Dorf Monteluco schmiegt. Lecchi selbst ist ein nettes Fleckchen, eine typisch toskanische Ortschaft en miniature. Hinter Lecchi Richtung San Sano wird das Land flacher und wilder, und mediterrane Pinien tauchen auf. Ein paar Minuten hinter San Sano und einer dramatischen Linkskurve kommt eine T-Kreuzung. Links fährt man direkt nach Gaiole, aber rechts geht die Tour weiter, und Sie kommen in immer wilderes Gelände. Biegen Sie an den nächsten Schildern links nach Monti ab, dann gelangen Sie auf die Strada dei Castelli del Chianti.

Brolio
Tel. 0577/749066
Gaioles prachtvollstes Kastell. Riesenproduktion, gute Standorte; einst wohlangesehen, aber nach Besitzer- und Aktionärswechseln sind die Weine Brolio und Barone Ricasoli unterschiedlich ausgefallen.

Rocca di Castagnoli
Tel. 0577/731004
Der Chianti Classico Poggio a' Frati kommt von Weinbergen auf dem 150-ha-Anwesen, der Chianti Classico Capraia von einem besonderen Grund. Auch Super-Toskaner Stielle (Cabernet Sauvignon/Sangiovese), Mont'Ornello (100% Cabernet Sauvignon), Molino delle Balze (Chardonnay) u.a. Alle hoch bewertet.

Rietine
Tel. 0577/731110
Das kreisförmig um die Kirche angelegte Dorf ist einen Abstecher wert. Agriturismo-Wohnung.

Giorgio Regni
Tel. 0577/731005
Einst benannt nach dem früheren Eigentümer, nennt sich das Weingut heute **Fattoria Valtellina** nach einer Herde von Valtellina-Rindern (aus der Lombardei), die früher hier gezüchtet wurden. Gute Weine, ordentliche Preise. Agriturismo-Wohnung.

Castello di Meleto
Tel. 0577/749496
190 ha rund um die wuchtige Trutzburg aus dem 12. Jahrhundert. Früher im Besitz der Familie Ricasoli.

Oben: *Manche von den Burgen in Gaiole sind wie diese hier in Brolio innen genau so beeindruckend wie außen.*

Castello di San Donato in Perano
Tel. 05 77/73 35 33
Die Geschichte ist interessanter als die Weine. Der Ort wurde erstmals im 10. Jahrhundert erwähnt. Im 16. Jahrhundert faßten die Besitzer, die Familie Strozzi aus Florenz, die verschiedenen Besitzungen zusammen, und gegen Ende des Jahrhunderts war es ein schmucker Landsitz inmitten eines Weilers geworden.

Badia a Coltibuono
Tel. 05 77/74 94 98
700 Jahre Kloster, heute im Besitz der Familie Stucchi Prinetti. Die Weine, von 60 ha alter Reben vor allem bei Monti, sind oft bemerkenswert langlebig; sie gehören zu den besten Chiantis. Außer Chianti Classico der Super-Toskaner Sangioveto (100% Sangiovese); Vin Santo; Coltibuono Rosso, Rosato und Bianco. Direktverkauf. Ein Laden verkauft auch Öl, Honig usw. vom Gut. Eigenes Restaurant (siehe S. 62). Bekannt für Kochkurse. Regelmäßige Gottesdienste in der Kapelle.

Hinter Monti liegt eine wichtige Versuchsfläche für Chianti Classico 2000 (siehe S.45). Fahren Sie an der nächsten T-Kreuzung rechts (links kämen Sie zum Podere Il Palazzino). Linker Hand beginnt der steile Weg zur Zypressenallee des Castello di Cacchiano mit seinen phantastischen Ausblicken.

Das imposante Castello di Brolio taucht bald vor Ihnen auf. Fahren Sie bei nächster Gelegenheit links (rechts ginge es nach Castelnuovo Berardenga), dann die nächste rechts, von der Straße nach Gaiole ab auf eine «weiße» Straße. Kurz darauf tauchen dann links gegenüber Rietine und vor Ihnen die Rocca di Castagnoli aus dem 11. Jahrhundert auf. Biegen Sie hinter der nächsten Kreuzung links ab, und vier Weingüter folgen dicht hintereinander. Rocca di Castagnoli kommt sofort rechter Hand, gefolgt von Rietine zur Linken. Giorgio Regni erscheint als nächstes links. Ein kurzes Stück weiter am Ende einer prächtigen Zypressenallee liegt das schwer befestigte Castello di Meleto aus dem 12. Jahrhundert, ein weiteres wichtiges Bollwerk in den Kriegen zwischen Florenz und Siena. Folgen Sie der Straße bergab. Die Gebäude, an denen Sie vorbeikommen, sind Meletos Weinkeller. An der Straßenmündung biegen Sie rechts nach Gaiole ab.

Nördlich des Ortes liegen abermals mehrere Weingüter dicht zusammen. Wenn die Zeit drängt, fahren Sie schnurstracks durch Gaiole (Richtung Montevarchi) zum ersten großen Straßendreieck (etwa 5 km). Andernfalls verlassen Sie

Oben: *Die Umrisse der Villa Badia a Coltibuono.*

Links: *Castello di Brolio – eine der klassischen Burgen im Chianti.*

Unten: *Flaschenhälse des Chianti Classico mit DOCG-Etikett.*

Gaiole westwärts (links, ein Stück durch die Ortschaft) auf einer Schotterstraße Richtung Spaltenna. Kurz vor dem Ende dieses Durchstichs liegt Castello di San Donato in Perano.

Zweigen Sie am Ende rechts ab (Richtung Montevarchi), und fahren Sie einen steilen Hügelrücken hinauf zu dem Straßendreieck, das Sie auf direkterem Wege von Gaiole aus hätten erreichen können. Links kommen Sie zu dem bedeutenden Weingut von Badia a Coltibuono auf beinahe 630 Meter über dem Meer; rechts (zurück nach Gaiole) geht es zu Tiorcia und Riecine. Zu Riecine führt die erste Piste links (keine Minute weit), dann die erste rechts.

Damit sind Sie mit Gaiole fast am Ende und können sich über den Hügelkamm zurück hinunter nach Radda schlängeln. Irgendwann öffnet sich die Landschaft, und Sie kommen an eine Gabelung. Sie sind praktisch wieder in Radda, aber kurz vor der Einfahrt in den Ort geht es links ab zum erhabensten Blick von Gaiole (vielleicht vom ganzen Chianti Classico): auf das «Château» von Vistarenni, das am Ende einer langen Zypressenallee in den Hügeln liegt.

Riecine
Tel. 0577/749527
Kleines Gut mit sehr guten Weinen, intensiv, aber elegant. Besitzer ist der Engländer John Dunkley. Ausgezeichneter Chianti Classico, ferner der Super-Toskaner La Gioia (Sangiovese). Für Weinproben Anmeldung erforderlich.

Villa Vistarenni
Tel. 0577/738476
200-ha-Weingut, davon 35 ha Rebfläche. Chianti Classico Assolo und Villa Vistarenni; Super-Toskaner Codirosso; Vin Santo und Bianco Val D'Arbia. Alles sehr beachtliche Weine. Agriturismo-Wohnungen.

CASTELNUOVO BERARDENGA

HOTELS

Borgo San Felice Hotel
San Felice
Tel. 0577/359260
Gehört zur Châteaux- und Relais-Gruppe. Swimmingpool, Tennisplätze. Der Komplex fügt sich harmonisch in das Dorf San Felice ein. Luxuriös, schick, aber gemütlich und charaktervoll.

Villa Arceno
Tel. 0577/357292
Ein Relais-Hotel. Auch (teures) Restaurant.

Villa Gloria
Quercegrossa
Gute Qualität.

Unten und rechts: *In Borgo San Felice macht alles einen friedvollen und gefälligen Eindruck.*

RESTAURANTS

La Bottega del Trenta
Villa a Sesta
Tel. 0577/359226
In altem Haus mit alter Einrichtung, wenige Tische, freundliche Bedienung. Traditionelle Speisen, manchmal mit nicht toskanischen Beilagen, aber insgesamt «Hausmannskost». Im Sommer Tische im Hof. Nicht überteuert. Im Winter geschlossen.

Il Molino delle Bagnaie
Ortsteil Le Bagnaie (Pianella)
Tel. 0577/47062
In einer alten Mühle an der Arbia. Typische *trattoria*, herzhafte Kost. Gute Chianti-Auswahl.

CASTELNUOVO BERARDENGA

Castelnuovo Berardenga ist die südlichste Gemarkung des Chianti Classico. Das offene, manchmal wilde, manchmal friedliche Land ist hier nicht viel anders als im südlichen Gaiole (von dem es praktisch halbiert wird), doch es hat eine wärmere Ausstrahlung, und Oliven bestimmen stärker das Bild. Die Böden sind recht gemischt.

Der Ort selbst liegt knapp außerhalb des Classico-Gebiets, ist aber größer als die meisten solcher Gemeindezentren. Er ist von Gaiole aus nicht schwer zu erreichen, obwohl es über eine halbe Stunde dauern kann, aber sinnigerweise beginnt man eine Tour zu seinen Weingütern am besten in Siena oder Castellina. Die Beschreibung hier geht von Siena aus: wenn Sie von Castellina kommen, müssen Sie daher von hinten lesen. Die Straßen fahren sich zügig, so daß Sie mit einem halben Tag gut auskommen müßten.

Fahren Sie von Siena (oder der Superstrada Florenz-Siena: Castelnuovo ist etwa eine Stunde von Florenz entfernt)

Links: *Der hübsche Ort Villa a Sesta erweckt den Anschein, als ob sich hier schon seit vielen Jahrhunderten nichts verändert habe.*

Richtung Arezzo, dann an der Abfahrt Asciano links und durch Montaperti ins Chianti Classico. Ab und zu tauchen die Türme von Siena magisch in der Ferne auf. Fahren Sie an der ersten größeren Abzweigung rechts Richtung San Felice ins östliche Castelnuovo. Nach ein paar Minuten kommt rechts Bossi, rasch gefolgt vom großartigen San Felice, ein schön gepflegtes *borgo* (Burgdorf) mit eigener Piazza, Kirche und *frantoio* wie auch einem Luxushotel. Biegen Sie hinter San Felice bei der nächsten Möglichkeit rechts ab (wenn Sie von Gaiole kommen, stoßen Sie hier dazu) und fahren Sie weiter nach Villa a Sesta. Dieses hübsche Dörfchen, in dem sich anscheinend seit Jahrhunderten nichts geändert hat, bietet ein paar sehenswerte Punkte.

Kurz vor der nächsten Kreuzung, einem Ausgangspunkt für mehrere Touren, liegt rechts San Cosma. Sie biegen dahinter links nach San Gusmé ab, einem recht gewöhnlichen Dorf, dann rechts zur Villa Arceno. Das ist eine riesige, prächtige Besitzung, eine der ganz wenigen, die nach Abschaffung der *mezzadria* (siehe S. 9) nicht aufgespalten oder verändert wurde. Mit seinem vornehmen Landhaus mit Kellern, Ställen, Kornspeicher und Arbeiterhäusern rings umher gibt es einen genauen Eindruck davon, wie die großen Weingüter früher aussahen. Die Arbeiterhäuser werden heute in Agriturismo-Wohnungen umgewandelt. Auf dem Grund gibt es auch ein Hotel, und weitere Häuser werden zum Verkauf gebaut.

Nun geht es zurück zur vorher genannten Kreuzung und diesmal südlich zur Ortschaft Castelnuovo Berardenga. Etwas über drei Kilometer weiter liegt Felsina. Obwohl es genau auf der Grenze des Chianti Classico liegt, erzeugt es einige der besten Weine der Zone. Castelnuovo Berardenga selbst befinden sich ein, zwei Minuten weiter.

Wieder geht es zurück zur Kreuzung und diesmal scharf links (nach Südwesten). Nach wenigen Minuten kommen Sie an ein wuchtiges Tor linker Hand, mit einer langen Zu-

EMPFOHLENE ERZEUGER

Bossi
Tel. 0577/359048
Agriturismo-Wohnungen.

San Felice
Tel. 0577/359087
Auf einigen der 190 ha werden Klone regionaler Sorten erforscht, andere sind Versuchsflächen für das Projekt Chianti Classico 2000. Erlesene Weine: Chianti Classico Poggio Rosso, Villa La Pagliaia, Il Grigio und Campo del Civettino; Super-Toskaner Vigorello (100% Sangiovese); Vin Santo; Bianco Val d'Arbia; Chardonnay. Olivenöl.

Villa a Sesta
Tel. 0577/359014
Agriturismo-Wohnungen.

San Cosma
Tel. 0577/359084
Kleines Weingut, Besitzer und Leiter ist der Däne Bent Myhre. Weine ungewöhnlich im Stil, aber gut. Direktverkauf. Agriturismo-Wohnungen.

Villa Arceno
Tel. 0577/359066
Große Entwicklungen bei den Weinen. Auch Olivenöl.

Felsina
(auch **Berardenga Felsina**, **Felsina Berardenga** und **Fattoria di Felsina** genannt)
Tel. 0577/355117
Giuseppe Mazzocolin, intelligent, gebildet, aber mit einem köstlichen Humor, und sein Freund, der Weinberater Franco Bernabei, machen Weine zum Verlieben. Edel, kraftvoll, komplex und charaktervoll, in jeder Hinsicht vorbildlich. Der Chianti Classico und der Lagenwein Vigneto Rancia, die Super-Toskaner Fontalloro (100% Sangiovese), I Sistri (Chardonnay), Maestro Raro (Cabernet) u.a. sind alle ausgezeichnet. Auch erstklassiges Olivenöl.

Pagliarese
Tel. 05 77/35 90 70
Ursprünglich ein Sieneser Fort gegen florentinische Angriffe im 13. Jahrhundert, ist es heute ein mittelgroßes (25 ha), qualitätsbewußtes Weingut. Man produziert Super-Toskaner Camerlengo, Bianco Val d'Arbia, Vin Santo und andere wie zum Beispiel auch Chianti Classico. Olivenöl. Direktverkauf. Agriturismo-Wohnungen, Swimmingpool.

Castell'in Villa
Tel. 05 77/35 90 74
Dieses 55-ha-Weingut im Besitz der griechischen Fürstin Pignatelli della Leonessa erzeugt gleichbleibend gute Weine. Deutliches Schwergewicht auf Chianti Classico, aber auch andere Weine.

Oben: *Nur ein paar toskanische Winzer stellen Grappa her; den traditionellen Abschluß eines Mahls bildet der Vin Santo.*

Oben rechts: *Die Rebstöcke in Castelnuovo Berardenga, der südlichsten Gemeinde des Chianti Classico, profitieren von den ziemlich hohen Temperaturen in diesem Landstrich.*

fahrt dahinter, die zum Gut Pagliarese führt. Gleich neben Pagliarese liegt Castell'in Villa. Die Landschaft hier ist sanft und geruhsam, und die vielen mediterranen Pinien sind ein Zeichen für das vergleichsweise warme Klima.

Bald sind Sie wieder dort, wo die Tour losgegangen ist. Aber diesmal geht es nach Westen, geradeaus auf Pianella und den Fluß Arbia zu, der Castelnuovo in zwei Hälften teilt und die meiste Zeit ein Rinnsal ist. Die zerstörte Brücke spricht aber für seine gewaltige Kraft.

Das nächste Weingut rechts ist Monteropoli. Vorbei an der kleinen Kirche von Asciata liegt nach einer Linkskurve oben rechts das Castello di Selvole. Auch dieser große Komplex ist um ein wunderschönes Landhaus angeordnet. Seine Zufahrt ist ansprechend von einer Olivenhecke gesäumt statt von den üblicheren Zypressen.

An der nächsten Gruppe von Straßenschildern können Sie einen kurzen Abstecher links zum Borgo Scopeto machen. Ansonsten fahren Sie weiter (Sie sind jetzt ganz in der Nähe von Vagliagli), bis Sie scharf links abbiegen. Gleich rechts ist Poggio dell'Oliviera. In den nächsten paar Minuten kommen Sie an der Vigna a Sole und der Fattoria Corsignano vorbei, bevor Sie hinunter zu Valiano rollen, auch einem bedeutenden Gut. Die Certosa di Pontignano liegt links gegenüber. Wenn Sie sich Valiano nähern, erscheint eine lange Zypressenallee, die scheinbar nirgendwohin führt. Beim Zurückschauen wird deutlich, daß ihr Verlauf vom Bau der Straße unterbrochen wurde. Die Straße schwingt nach rechts, etwa eine Minute später taucht links die Fattoria Il Castagno auf, und bald darauf stoßen Sie auf die Straße, die von Siena nach Castellina führt.

Castello di Ceretto
Tel. 0577/356996
Bei vielen unter dem Namen seines Besitzers bekannt, des Modeschöpfers Emilio Pucci.

Castello di Selvole
Tel. 0577/322662
17 von über 160 ha auf einem gut besonnten Hügelrücken in 450 m Höhe sind bepflanzt. Das Gut hat Agriturismo-Wohnungen, Swimmingpool, Tennis- und Volleyballplätze und einen Mountain-Bike-Verleih. Olivenöl. Direktverkauf.

Poggio dell'Oliviera
Tel. 0577/322652
Ein winziges Gut (3 ha), das feine Weine erzeugt.

Fattoria Corsignano
Tel. 0577/322610
Agriturismo-Wohnungen.

Valiano
Tel. 0577/356850
Das 225-ha-Anwesen weist Spuren etruskischer Besiedlung auf. Ausgedehnte Olivenhaine. Direktverkauf.

Fattoria Il Castagno
Tel. 0577/50459
Teile des Gebäudes aus dem 10. Jahrhundert. Agriturismo-Wohnungen.

Podere Olmo
Tel. 0577/327297
Gut gelegene Weinberge. Agriturismo-Wohnungen.

Links und oben: *Der bescheidene und freundliche Ort Castelnuovo Berardenga selbst liegt knapp außerhalb der Chianti-Classico-Zone und ist größer als die meisten anderen Gemeinden rundum.*

SIENA

HOTELS

Als Haupttourismuszentrum verfügt Siena über eine große Anzahl Hotels. Doch keines hat eine besondere Verbindung zum Wein.

RESTAURANTS

Le Logge
Via del Porrione 33, Tel. 05 77/4 80 13
Großzügige Portionen schmackhafter toskanischer Gerichte, auf leichte Art zubereitet. Gute Auswahl vor allem toskanischer Weine: der Hauswein vom Gut der Besitzer in Montalcino ist auch gut. Alles außerordentlich preisgünstig.

Mariotti da Mugolone
Via dei Pellegrini 8, Tel. 05 77/28 32 35
Sehr traditionell. Ein paar besondere Flaschen. Nicht billig.

Il Giuggiolo
Via Massetana 30, Tel. 05 77/27 42 95
Gute, traditionelle Gerichte der Gegend. Vielleicht das beste Weinsortiment in Siena.

Unten: *Der Campo liegt unmittelbar vor den alten Stadtmauern. Hier wurden früher die Fuhrwerke und Karren entladen, die Waren für den Markt anlieferten.*

Siena

Siena mit seiner stolzen Hügellage ist auf jeder Weinreise durch die Toskana eine bedeutende Station. Außer durch seine vielen Sehenswürdigkeiten zeichnet es sich auch durch die Nähe zu den meisten wichtigen Weingebieten aus. Die südlicheren Gemarkungen des Chianti Classico, San Gimignano, Montepulciano und Montalcino, sind alle in einer Stunde zu erreichen.

Die Stadt ist unauflöslich mit dem Palio verbunden (siehe S. 73), doch das ganze Jahr über ziehen ihre Speisen und Weine, ihre Kultur und Geschichte viele Besucher in die Gegend.

Die Ankunft in Siena, egal aus welcher Richtung, ist ein denkwürdiges Erlebnis. Seine berühmten zwei Türme inmitten des Altstadtgewirrs sind an manchen Stellen schon von weitem zu sehen. Die Straßen Sienas winden sich in eleganten Kurven über die Hügel, so daß man schnell die Orientierung verliert. Der Verkehr wird von dem kleinen, kompakten Stadtkern ferngehalten. Es gibt rundum Parkplätze am Rand und gute Busverbindungen.

Im Zentrum schlängeln, krümmen und queren sich die Kopfsteinstraßen an den Hängen. Viele steigen sehr steil an, und es gibt auch so manche Treppe – flache Schuhe sind daher ein Muß. Während der *passeggiata* (Abendbummel)

Oben: *Probe für den Palio. Mit etwas Glück kann man das Fahnenschwingen auf dem Campo miterleben. Noch besser sind die Straßenessen, Besucher können Karten dafür kaufen. Informationen im Fremdenverkehrsbüro.*

sind die Hauptstraßen überfüllt, aber zur Mittagszeit leeren sie sich im Nu. Wenn im Winter die Gassen finster und die Fensterläden dicht sind, sieht es hier wie in einer Geisterstadt aus, und die Ankunft am Campo oder am Duomo kann richtig unheimlich sein. Im Sommer ist viel mehr los, aber nach dem Dunkelwerden herrscht dennoch mehr Ruhe, als man erwarten würde, weil sich das Leben nun in den *trattorie* und Restaurants abspielt.

Siena ist in 17 *contrade* (winzige Bezirke) eingeteilt, von denen jede ihr eigenes Wappen samt Farben und Fahne hat. Die Rivalität zwischen den *contrade* ist heftig und steigert sich während des Palio fast zum Fieber. Wenn Sie Glück haben, erleben Sie das Fahnenschwenken auf dem Campo mit. Noch besser sind die vereinzelten Straßenessen, für die auch Karten an «Auswärtige» verkauft werden. Teller, Plaketten und so weiter mit den Farben jeder *contrada* sind vielerorts erhältlich.

Enoteca Italiana

Die Enoteca Italiana ist eine Riesensammlung Hunderter von Weinen aus ganz Italien in einem großartigen Gewölbekeller der alten Medici-Festung. Winzer können Mitglieder der Enoteca werden, und die Weine müssen vor ihrer Zulassung einen Degustationsausschuß überzeugen. Für einen jährlichen Beitrag werden die Produkte der Mitglieder ausgestellt; man kann sie auch kaufen. Über dem Keller befinden sich Räumlichkeiten zum Probieren und Trinken, mit Raucher- und Nichtraucherabteilungen, wie auch (in den Sommermonaten) neben dem Eingang Tische im Freien.

Da Enzo
Via Camollia 49, Tel. 05 77/28 12 77
Die seltene Gelegenheit, Fisch zu essen (täglich frisch), doch es kann teuer sein. Gut sortierte Weinkarte, nicht auf regionale Weine beschränkt.

Il Biondo
Via del Rustichetto 10, Tel. 05 77/28 07 39
Zentrale Lage; mehr als anständige, traditionelle Speisen der Region; kleine, aber interessante Weinkarte. Faire Preise.

Castelvecchio
Via Castelvecchio 65, Tel. 05 77/4 95 86
Frühere Stallungen im ältesten Teil der Stadt, liebevoll renoviert. Viele Gerichte, geschmacklich klare regionale Ausrichtung, passende Zutaten. Toskanische Weine, auch andere italienische Tropfen. Reservierung geraten.

Il Ghibellino
Via dei Pellegrini 26, Tel. 05 77/28 80 79
Einfache Kost mit guten Zutaten, geschmacklich hervorragend. Ausgewogene Weinkarte. Reservieren.

Oben: *Die elegant geschwungenen Straßen sind sehr steil oder mit Treppen versehen.*

Links: *Sienas berühmtes* panforte, *eine würzige Mischung aus kandierten Früchten und Nüssen.*

Täglich werden drei Weine zur Probe empfohlen, aber jeder vorrätige Wein ist für 2000 Lire das Glas zu haben. Man kann Kräcker oder vielleicht ein Eckchen Käse dazubekommen. Die Enoteca hat täglich von Mittag an bis 0.30 Uhr im Winter und 1.00 Uhr im Sommer geöffnet (Tel. 0577/28 84 97). Die Festung ist gut ausgeschildert und leicht zu finden.

La Torre
Via Salicotto 7-9, Tel. 0577/287545
Klassische Gerichte der Region, Riesenportionen. Gäste aus aller Welt. Hauswein einfach, aber passabel.

Vinaio Trombicche
Via delle Terme 66, Tel. 0577/288089
Zum Sitzen und Schauen. Gute Salate, Käse, *salumi*. Ordentlicher Wein. Günstig.

FEINKOSTGESCHÄFTE

Azienda Consorzio Provinciale Siena
Via Pianigiani
Weine und Lebensmittel aus der ganzen Provinz.

Lebensmittel einkaufen

Siena hat viele Spezialitätenläden. Selbst die Wildschweinprodukte der Macelleria Falorni sind in der Via di Città (siehe S.48) zu finden. Der tägliche Markt findet auf der Piazza del Mercato gleich hinter dem Campo statt. Siena ist vor allem für sein Naschwerk bekannt, besonders für die *ricciarelli*, Marzipan-Mandel-Plätzchen, das *panforte* («Starkbrot»), ein Schlemmergebäck mit kandierten Früchten, Nüssen und Gewürzen, und die *cantuccini*, knusprige Mandelplätzchen, köstlich und ideal zum Eintunken in Vin Santo.

Sehenswertes

Der **Campo** ist wahrscheinlich die faszinierendste Piazza Italiens, und die meisten Straßen führen letztlich dorthin. Die Piazza ist Sienas ältester Parkplatz. Hier, vor der alten Stadtmauer, luden früher Wagen und Karren ihre Marktwaren ab. Der Campo wird beherrscht vom Palazzo Pubblico aus dem 14. Jahrhundert, dessen Krönung der Mangia-Turm ist. Daß er ein wenig höher als der Domturm gebaut wurde, symbolisierte einst den Vorrang der weltlichen vor der kirchlichen Macht. So reizvoll es ist, auf dem Campo zu essen, die Preise sind einfach horrend.

Die **Piazza del Duomo** ist bloß zwei Minuten vom Campo entfernt. Manche bewundern den gestreiften Dom aus dem 13. Jahrhundert, anderen ist er ein Greuel. In jedem Fall kommt er auf dem kleinen Platz nicht richtig zur Geltung.

Es ist kaum glaublich, daß der **Palio**, ein Pferderennen, drei Runden um den Campo, die etwas mehr als eine Minute dauern, für das Leben einer Stadt so bedeutend sein soll. Aber es ist so, und zweimal im Jahr – Anfang Juli und Mitte August – versetzt der Palio ganz Siena in helle Aufregung. Zehn der 17 *contrade* nehmen teil: die sieben, die im Vorjahr nicht dabei waren, dazu noch drei ausgeloste. Betrugsmanöver scheinen gang und gäbe zu sein, und das Rennen selbst ist äußerst gefährlich. Das kommt von der (selbst-)mörderischen Entschlossenheit der Reiter, Erster zu werden. Der ganze hitzige Wettstreit ist begleitet von großen Gelagen, und die Straßenessen vor und besonders nach dem Rennen sind ein Schauspiel für sich.

Drogheria Manganelli
Via di Città 71 / 73
Großes Spezialitätengeschäft seit über 100 Jahren. Auch breite Auswahl von Weinen der Provinz.

Gastronomia Morbidi
Via Banchi di Sopra 75
Feinkostgeschäft, das berühmt ist für eigene Verarbeitung.

Batelli
Via Cassia Nord 20, Ortsteil Il Braccio
Außerhalb der Stadt, aber sehr zu empfehlen. Großartiges Holzofenbrot, Käse und hausgemachte *salumi* krönen das Sortiment.

La Nuova Pasticceria
Via Giovanni Dupré 37
Wunderbare *ricciarelli*.

Links oben: *Der Dom beherrscht die Skyline von Siena.*

Oben: *In Siena kann man wunderbar einkaufen, vor allem Lebensmittel und Wein.*

La Pasticceria Buti
Via Vittorio Emanuele 37
Lauter typische sienesische Leckereien, darunter *cantuccini* und *ricciarelli*.

ENOTECHE

Azienda Consorzio Provinciale
Via Piangiani
Weine und Lebensmittel vom Lande.

Enoteca San Domenico
Via del Paradiso 56
Gute Weinauswahl, hauptsächlich Toskaner, aber auch andere Italiener und ein paar Franzosen; Grappa, Aquavit u.a. Spirituosen, interessante Snacks und Backwaren. Leider nur Verkauf: keine Weinproben.

Enoteca Le Bollicine
Via Giovanni Dupré 64
Selber Besitzer wie San Domenico. Hier können Sie gute Weine probieren und trinken. Auch Käse- und *Salumi*-Teller sind zu haben.

Oben: *Eine romantische Szene aus dem Landleben bei San Gimignano.*

SAN GIMIGNANO

HOTELS

La Cisterna
Tel. 05 77/94 03 28
Mitten im Zentrum. Außen attraktiv, innen gemütlich eingerichtet. Nicht teuer.

Sovestro
Tel. 05 77/94 31 53
Neues Hotel gleich außerhalb der Stadt an der Straße nach Poggibonsi. Das Weingut Sovestro liegt direkt daneben.

Santa Chiava
Tel. 05 77/94 07 01

RESTAURANTS

Osteria delle Catene
Via Mainardi 18, Tel. 05 77/94 19 66
Sehr empfehlenswert. Einfach eingerichtete *trattoria* mit gut überlegter Speisekarte auf traditioneller Basis. Gute Auswahl von Vernaccia di San Gimignano, toskanischen Roten und Vin Santo zu den *cantuccini*.

San Gimignano

San Gimignano liegt auf einer Rundreise durch die Toskana etwas abseits, ist aber von anderen Orten aus gut zu erreichen. Man kann vom Chianti Classico, von Florenz oder Siena aus einen Tagesausflug dorthin machen oder Volterra im Westen als Ausgangspunkt benutzen. Von jedem dieser Orte aus braucht man weniger als eine Stunde. Die «Stadt der Türme» ist so spektakulär, daß es jeden früher oder später dorthin zieht. Obwohl für ihre Weißweine berühmt, liegt sie in der Chianti-Unterzone Colli Senesi.

Die Anfahrt

Wenn Sie nicht von Volterra kommen, müssen Sie Poggibonsi durchqueren, eine häßliche, halbindustrielle Kleinstadt. Von Siena kommend, nehmen Sie die alte Via Cassia, die zweite von Mussolini geschaffene Staatsstraße von Rom über Siena nach Florenz. Sie ist langsamer als die Superstrada Florenz-Siena, aber viel schöner, und man hat einen herrlichen Blick auf das alte Kastell Monteriggioni. Hinter Poggibonsi und dem Elsatal steigt die Straße an, und in der Ferne taucht San Gimignano auf.

Ganz oben: *An klaren Tagen kann man von San Gimignano aus die fernen Berge sehen.*

Oben: *Zierplatte an einem Keller.*

Früher ragten über 70 Türme dichtgedrängt in den Himmel von San Gimignano: 13 sind noch übrig. Im Mittelalter war der Geschlechterturm das Statussymbol der Familie: je höher der Turm, je höher ihr Rang in der Gemeinschaft. Im Wettstreit der benachbarten Familien um das prestigeträchtigste Monument wurden die Türme immer höher – und ein gelegentlicher Einsturz war unvermeidlich. Außer als Aussichtstürme, von denen sich das örtliche Kommen und Gehen gut beobachten ließ, taugten sie in den nur allzu häufigen Fehden auch dazu, die jeweils feindliche Partei von oben zu beschießen.

Der Wein

Vernaccia ist eine weiße Rebsorte, deren Name sich ungefähr mit «die Hiesige» übersetzen läßt. Kein Wunder also, daß ihr Vorkommen in der Region seit dem 13. Jahrhundert bezeugt ist. Je nachdem, wie sie behandelt wird, kann der Wein von tiefer Farbe, ausladend und voll sein oder nahezu farblos, sauber, aber recht neutral. Ein angenehmes Gleichgewicht zwischen den beiden Versionen zu finden, erfordert viel Geschick. Die Ansichten der Winzer über das

Dorandò

Vicolo dell'Oro 2, Tel. 0577/941862

Gerichte auf der Grundlage alter Medici-Rezepte mit ein paar modernen Extras: gute Geschmacksvielfalt. Verwendung von Trüffeln und Obst bemerkenswert. Leckere Nachspeisen. Recht gute Weinkarte. Eher teuer.

Arnolfo

Colle Val d'Elsa, Tel. 0577/920549

San Gimignano fehlt ein gutes elegantes Lokal, aber eine kurze Fahrt hierher behebt den Mangel. Wählen Sie zwischen regionalen und neueren Degustationsmenüs, und genießen Sie eine geschmacklich wunderbare, wohlausgewogene und erfreuliche Reihe von Gängen, alle mit erstklassigen Zutaten. Gute Weinkarte. Nicht billig, aber angemessen. Dienstags geschlossen.

FEINKOSTGESCHÄFT

Buca di Montaiuto
Via San Giovanni 16
Gute *salumi*, besonders vom Wildschwein.

ENOTECHE

Casa del Caffé
Via San Matteo
Von der Piazza Duomo nur ein paar Schritte die Hauptstraße hinunter, auf der rechten Seite. Gute Auswahl von Weinen und Olivenöl, auch Brot, Käse usw. – ideal für Picknickverpflegung. Keine Weinproben.

Da Gustavo
Via San Matteo
Ein Stück weiter, links. Vorne drauf steht **Bar Enoteca Chianti Classico**, aber der Laden bietet eine sehr sorgfältig ausgesuchte Palette italienischer, vor allem toskanischer Weine, u.a. mehrere Vernaccia, von denen täglich einer probiert werden kann. Andere Weine werden ebenfalls offen verkauft.

SEHENSWÜRDIGKEIT

Pieve di Cellole – Herrliche kleine mittelalterliche Kirche ein paar Kilometer nordwestlich der Stadt an der Straße nach Certaldo, nahe dem Weingut San Quirico (an den Schildern zu Il Castagno, San Vivaldo links abbiegen). Eine Zypressenallee führt zu der schlichten Kirche: unverziert und ganz aus handbehauenem Stein gebaut, mit einer starken geistigen Ausstrahlung. Abseits gelegen und daher ungewöhnlich friedlich.

Unten: *Das blumengeschmückte Stadtzentrum.*

ideale Gleichgewicht sind geteilt und die Weinstile oft merklich verschieden. Leider gibt es zu viele Erzeuger, die immer noch reichlich Schwefeldioxid in ihre Erzeugnisse kippen und ihnen noch mehr Charakter nehmen, obwohl der Wein inzwischen den DOCG-Titel besitzt. Viele Erzeuger machen auch Rotwein; San Gimignano liegt in der Zone Chianti Colli Senesi, wenn auch nicht alle von dieser Denomination Gebrauch machen mögen.

Die Weinberge

Kaum hat man San Gimignano erspäht, kommen auch schon die ersten Weinberge in Sicht. Je höher man kommt, um so durchgängiger werden die Rebflächen und um so eindrucksvoller die Stadtansichten. San Gimignano liegt nur etwas mehr als 300 Meter über dem Meer, doch es wirkt höher.

Das Weingut Pietrafitta erscheint als erstes, gut ausgeschildert, wenn auch die Produktionsanlagen an einer rechts abgehenden kleinen Seitenstraße liegen. Andere folgen rasch. Die Lagen um Pietrafitta und die stadtnahen Weinberge sollten theoretisch den besten Wein erzeugen, aber bei der Vernaccia-Traube sind die Kellertechniken wichtiger als geringe Zonenunterschiede.

Auf einem Spaziergang durch San Gimignano gibt es viel zu bestaunen und zu genießen. Der Stadtkern ist verkehrsberuhigt, aber unmittelbar davor liegen mehrere Parkplätze. Oder Sie umfahren das Zentrum, die Stadtmauer zu Ihrer Rechten, und gleich dahinter kommt eine sanfte Kurve mit viel Platz zum Parken auf dem Seitenstreifen. Dies ist auch der Ausgangspunkt für eine schöne Rundfahrt durch den idyllischsten, vom Weinbau bestimmten Teil des Umlandes von San Gimignano.

Folgen Sie der Straße bergab Richtung Certaldo bis zu einer Gabelung; dort links. Die Straße beschreibt einen auffälligen Rechtsbogen Richtung Ulignano, vorbei an Pietraserena rechts, Casale-Falchini links und Teruzzi e Puthods Ponte a Rondolino. An der nächsten T-Kreuzung fahren Sie links (nicht nach Ulignano) und weiter in Serpentinen bergab bis zur nächsten T-Kreuzung. Hier wieder links. So kommen Sie durch das Elsa-Tal in den äußersten

Links: *Im frühen Abendlicht bietet San Gimignano einen freundlichen, einladenden Anblick.*

Norden des San-Gimignano-Gebiets, an Certaldo vorbei, wo der Unterschied zwischen der hübschen Altstadt oben und dem modernen Teil unten kraß ist. Dann geht es in einer scharfen Südkurve zurück zur Stadt, vorbei an der Fattoria Il Paradiso, San Quirico mit der Pieve di Cellole in der Nähe und Le Colonne auf den höheren Hängen.

Beim Verlassen der Stadt sehen Sie das letzte große Weinbaugebiet, wenn Sie der Straße um die Stadt folgen und dann nach Westen Richtung Montenidoli und Racciano fahren. Diese nicht asphaltierte Straße beginnt direkt links von einem Parkplatz neben einem Polizeirevier. Folgen Sie der Straße bergab und über einen Bach. Gleich linker Hand liegt Signano, Panizzi folgt ungefähr eine Minute weiter zur Rechten, und kurz hinter Panizzi führt eine Privatstraße zu Montenidoli hinaus. Fahren Sie dann auf der normalen Straße weiter nach San Donato. Dort können Sie links auf eine noch schlechtere Straße abzweigen und sich zurück nach Pietrafitta schlängeln, wo Sie losgefahren sind; unterwegs kommen Sie an Canneta vorbei. Oder Sie nehmen die längere, aber weniger holperige Strecke weiter nach Süden zur Grenze des Gebiets in Castel San Gimignano, wo Sie links zum Colle Val d'Elsa und zu den Straßen zwischen Florenz und Siena abbiegen oder rechts nach Volterra.

EMPFOHLENE ERZEUGER

Casale-Falchini
Tel. 05 77/94 13 05
Gut strukturierter und duftiger Vernaccia, besonders der Riserva Vigna a Solatio. Erzeugt auch Paretaio (Sangiovese im Barrique); den hoch bewerteten Campora (Cabernet mit einer Spur Sangiovese); den leichten, fruchtigen Chianti Colli Senesi Titolato Colombaia; guten Vin Santo.

Teruzzi e Puthod
Tel. 05 77/94 01 43
Das Gut nennt sich eigentlich **Fattoria Ponte a Rondolino**, aber alle nennen es nach seinen Besitzern, dem Mailänder Enrico Teruzzi und seiner französischen Frau Carmen Puthod. Carmen war eine bekannte Ballerina, bis ein Reitunfall ihre Tanzkarriere beendete. Das Paar kam nach San Gimignano, um sich von dem Trauma zu erholen, und da auf dem Gut Reben wuchsen, fingen sie an, zum Spaß Wein zu machen. Nach wenigen Jahren waren Teruzzis Weine die besten in San Gimignano – und das sind sie noch. Hier wird urtypischer Vernaccia gemacht; außerdem Terre di Tufi (Barrique-Vernaccia), Carmen (noch ein im Barrique gereifter Weißer), Peperino (Sangiovese).

San Quirico
Tel. 05 77/95 50 07
Bekannt für seinen volleren Vernaccia im traditionellen Stil. Seine Weine werden allmählich fester, frischer und zusehends eindrucksvoller, besonders der Riserva Campi Santi.

Montenidoli
Tel. 05 77/94 15 65
Elisabetta Fagiuoli macht sehr individuelle, kompromißlose Weine. Neuere Entwicklungen haben die Zahl ihrer Bewunderer vermehrt. Drei verschiedene Arten von Vernaccia: Fiore, aus sanft gepreßten Trauben; Tradizionale, aus Traubenmost, der vor der Gärung eine kurze Mazeration bekommt; Carato, der im Barrique gärt und reift. Auch Chianti Colli Senesi, Rosato aus Canaiolo-Trauben; Sono Montenidoli, weich und elegant, hauptsächlich aus Sangiovese u.a. Agriturismo-Wohnungen.

Panizzi
Tel. 05 77/94 15 76
Der aufgehende Stern. Liebevoll gepflegter, dicht bepflanzter, gut gelegener Weinberg, ein überlegt ausgestatteter Keller und ein Riesenfaß Enthusiasmus von Giovanni Panizzi haben zu Weinen geführt, die viele als die besten der Region ansehen, besonders den Vernaccia Riserva. Macht auch Chianti Colli Senesi.

AREZZO

RESTAURANTS

Buca di San Francesco
Via San Francesco 1
Tel. 0575/23271
Gediegenstes Restaurant in Arezzo. Vor allem klassische toskanische Küche. Essen besser als die Weine. Montag abends und dienstags geschlossen.

Il Cantuccio
Via Madonna del Prato 78
Tel. 0575/26830
Traditionelle toskanische *trattoria*. Eigenes Gut: Bianco Vergine Valdichiana, Chianti, Vin Santo und Olivenöl. Mittwochs geschlossen.

L'Aganìa
Via Mazzini 10
Tel. 0575/25381
Traditionelle *trattoria*. Nur Hauswein. Preiswert. Montags geschlossen.

FEINKOSTGESCHÄFTE

Markt («Edin» genannt): Samstags in der *Viale Michelangelo*.

Arezzo ist kein Platz für den Feinkosteinkauf. Ausnahmen sind:

Pane e Salute
Corso Italia 11
Große Auswahl an köstlichem Brot.

Macelleria Gastronomia Aligi Barelli
Via della Chimera 20
Salumi und hervorragendes Chianina-Rindfleisch.

Unten: *Alte Wappen schmücken den Palazzo Pretorio in Arezzo.*

Arezzo und Umgebung

Diese Tour können Sie zusätzlich einlegen, entweder als Umweg nach Montepulciano oder als Tagesausflug von Siena aus. Nach Arezzo besteht auch eine direkte Autobahnverbindung von Florenz. Die Schönheit der Strecke und die Majestät von Arezzo selbst lohnen den Weg.

Von Siena aus sind Sie nach 20 Minuten Fahrt durch liebliche, sanfte Hügel am Rand von Castelnuovo Berardenga. Kurz vor dem höchsten Punkt der Straße fängt die Provinz Arezzo an, und alle Reben gehören zu den Chianti Colli Aretini. Das Dorf unterhalb ist Monte San Savino mit einem hübschen mittelalterlichen Zentrum. Von dort geht es durch das eintönige Chiana-Tal, und schon sind Sie in Arezzo.

Arezzo ist eine ruhige, wohlhabende Stadt. Der moderne Teil ist elegant und bietet viele Einkaufsmöglichkeiten. Bedeutender aber ist die Altstadt auf der Anhöhe mit der großen Medici-Festung, einem Dom aus dem Mittelalter und der Renaissance, der großartigen romanischen Kirche Pieve di Santa Maria und den Fresken von Piero della Francesca in der Basilika San Francesco.

Von Arezzo aus können Sie das Casentino besuchen, oder Sie fahren weiter nach Montepulciano. Nach der Autostrada-Abfahrt Val di Chiana führt Sie der Weg durch Bettole bis Torrita di Siena. Unterwegs begegnen Sie vielleicht einer Herde der berühmten weißen Chianina-Rinder, die ein ausgezeichnetes Fleisch liefern. Die ersten paar Weinberge gehören zum Chianti Colli Aretini, die übrigen zum Bianco Vergine Valdichiana.

Oder Sie besuchen Castiglion Fiorentino, das noch mehr Weinberge und großartige Blicke über das Chiana-

Links: *Halb versteckt kann man von einer der engen, kurvigen Straßen den* campanile *(Glockenturm) der Kirche Pieve di Santa Maria in Arezzo sehen.*

Tal bietet, sowie Cortona mit seinen kleinen, gewundenen Straßen und den vielen etruskischen Überresten. Zuletzt verläuft die Straße an dem großen, friedlichen Trasimenischen See (der schon in Umbrien liegt). Fahren Sie rechts quer durch das Tal nach Bettole.

Chianti Colli Aretini

Leider kein Höhepunkt der Toskana. Weinberge sind rar und häufig in schlechtem Zustand, und nur wenige Winzer erzeugen etwas wirklich Ansehnliches. Immerhin sind in den letzten Jahren ein paar gute Kellereien entstanden. Der vielversprechendste Teil liegt um Bucine, Mercatale und Montevarchi herum, gleich neben dem Chianti Classico.

Bianco Vergine Valdichiana

Hauptsächlich Trebbiano mit ein wenig Malvasia, produziert in den niedrigen Hügeln des Chiana-Tals. Häufig ein leichter, jedoch uninteressanter Weißer, wenn auch ein paar Winzer einen eleganten, sahnigen Wein mit Mandelaroma herstellen.

Veraldi
Via Calamandrei 154-156
Herausragender Kaffee.
Torrefazione Artigiana Donatello
Via Vittorio Veneto 129
Schöne Auswahl an Tee und Kaffee.

VERANSTALTUNGEN

Antiquitätenmarkt – 1. Sonntag jeden Monats und darauffolgender Samstag.
Giostra del Saracino – 1. Sonntag im September. Turnierspiel in Ritterkostümen, viel Fahnenschwenken und Rummel.

EMPFOHLENE ERZEUGER

Villa Cilnia
Pieve a' Bagnoro, Tel. 0575/365017
Einziger bemerkenswerter Erzeuger um Arezzo. Doch ein Verkauf vor einiger Zeit hat zu Qualitätsschwankungen geführt. Steile Weinberge und durchdachte Neuerungsstrategie. Chianti Colli Aretini, Le Vignacce (Cabernet, Sangiovese, Montepulciano), Vocato (Sangiovese/Cabernet), Campo del Sasso (Chardonnay und Malvasia nera).
Fattoria Petrolo
Mercatale Valdarno, Tel. 055/9911322
Elegante, aber gut strukturierte Weine. Chianti Titolato, Torrione (100% Sangiovese), Vin Santo u.a.
I Selvatici
Montevarchi, Tel. 055/901146
Fest strukturierte Weine.
Fattoria di Ambra
Bucine, Tel. 055/996806
Großes Weingut, 1988 neu bestockt. Vielversprechende Weine.
Villa la Selva
Bucine, Tel. 055/998203
Besitzer Sergio Carpini, aus Liebe zum Landleben Weinbauer gewordener Industrieller, ist auf Schwankungen gefaßt. Hat viel investiert.
Fattoria di Manzano
Camucia (südlich von Cortona)
Tel. 0575/618667
Große Investitionen in über 50 ha dicht bepflanzte Weinberge. Traditionelle und neuere Traubensorten haben erregende Weine hervorgebracht: Bianco Vergine Valdichiana und Vigna del Bosco (Syrah), Vigna del Vescovo (Gamay), Le Terrazze (Sauvignon).

Montepulciano

Auf einer Höhe von knapp über 600 Metern ist Montepulciano eines der wichtigsten Weinstädtchen mit Hügellage in der südlichen Toskana. Von kühler Höhe aus bietet es phantastische Weitblicke übers Land: San Quirico, über 15 Kilometer entfernt, ist gut zu sehen. In das Tuffgestein unter der Stadt sind seit der Zeit der Etrusker immer wieder Höhlen gegraben worden. Sie werden nach wie vor von mehreren Gütern als Weinkeller benutzt, wie schon seit Jahrhunderten. Beim Spazieren in den steilen, engen Gassen oder über die Piazza Grande, den Hauptplatz, kann einem der verblüffende Gedanke kommen, daß man im Grunde über ein Netz von Tunneln dahingeht. Was für Mühe muß es gemacht haben, Fässer mit frischem Wein von den Weingärten unten die langen Steigungen hinaufzubefördern, um sie in der ungestörten, konstanten Kühle der Keller zu lagern und sie dann zum Verkauf wieder zurückzubringen. Von denen, die über den Luxus solcher Örtlichkeiten verfügen, benutzen nur wenige sie als normale Arbeitskeller (Contucci ist einer davon): es ist zu arbeitsaufwendig, und die modernen Techniken verlangen, daß der Wein so wenig wie möglich bewegt wird. Einige der Keller sind jedoch für Besucher geöffnet, die Zeiten sind an den Türen angeschlagen.

Die Anfahrt

Ins Montepulciano-Gebiet können Sie von Arezzo kommen, oder Sie fahren in Siena los. Folgen Sie in dem Fall der Straße nach Perugia; wo es nach Südosten geht, hinter der Abbiegung nach Arezzo, tauchen tiefe graue Schründe im Tongestein auf. Diese Landschaftsform nennt man *le crete di Siena.* Die meisten Weinberge gehören zum Chianti Colli Senesi. Etwa eine halbe Stunde hinter Siena ist das bedeutende Weingut Farnetella deutlich angezeigt. Zweigen Sie

Links: *Unter den Straßen Montepulcianos verzweigt sich ein dichtes Netz von unterirdischen Gängen.*

Oben: *Die* crostata *paßt zu dem süßen Vin Santo ebenso wie die* cantucci, *Mandelplätzchen.*

nach ein paar Minuten rechts von der Hauptstraße nach Sinalunga ab, einer Kleinstadt ohne besondere Sehenswürdigkeiten, und binnen zehn Minuten erreichen Sie Torrita di Siena. Drei Kilometer weiter, und Sie sind in der Gemarkung Montepulciano, wo die Weinzone anfängt.

Die Weine

Montepulciano erzeugt zwei Weine, beide aus einem Rebverschnitt, dominiert von Sangiovese (hier Prugnolo genannt, weil der Klon angeblich eine pflaumige Note verleiht), mit Canaiolo, manchmal Mammolo und manchmal kleinen Mengen der weißen Trauben Trebbiano und Malvasia. Das Zugpferd ist der Vino Nobile di Montepulciano, DOCG, mindestens zwei Jahre gealtert (der Riserva drei). Der Stil ist von Winzer zu Winzer recht unterschiedlich. Manche bevorzugen elegante, feine Weine: «Weine für die Edlen»; andere eher intensive, langsam reifende Gewächse: «edle Weine». So oder so hat es seit dem sehr wackeligen Anfang vor 15 Jahren, als die Weine DOCG wurden, gewaltige Verbesserungen gegeben. Erst seit den frühen neunziger Jahren liegen hier Zuversicht und ein neues Richtungsgefühl in der Luft. Mitverantwortlich an der ständigen Steigerung des Vino Nobile war die Einführung des Zweitweins, des DOC Rosso di Montepulciano. Er befriedigte nicht nur den Wunsch nach einem jugendlicheren, fruchtigeren Weinstil, sondern sorgte auch mit dafür, daß nur die besten Trauben in den Vino Nobile kamen.

Der Boden ist im allgemeinen lehmig, eine gute Mischung aus Ton, Kalkstein und Sand, durchsetzt mit Meeresablagerungen von alten Nebenflüssen der Chiana.

Einige Winzer stellen auch Chianti Colli Senesi her, andere mit Weinbergen im äußersten Osten der Zone Bianco Vergine Valdichiana.

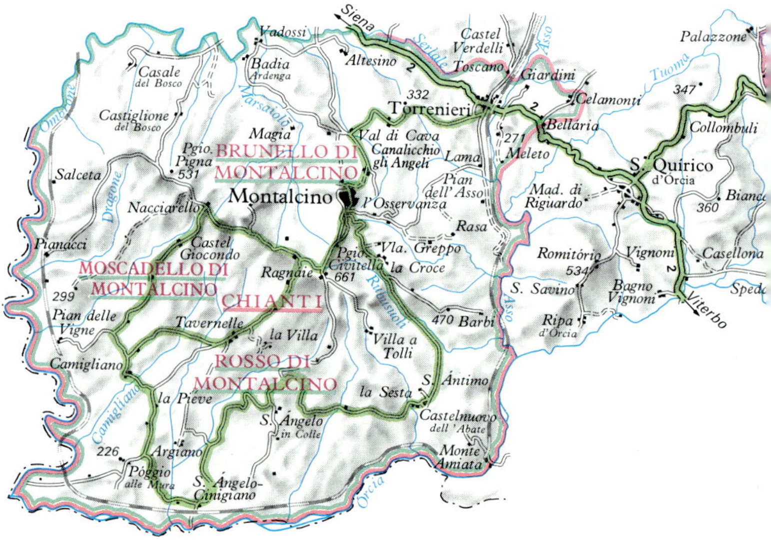

Oben: *Der beherrschende Palazzo Communale in Montepulciano.*

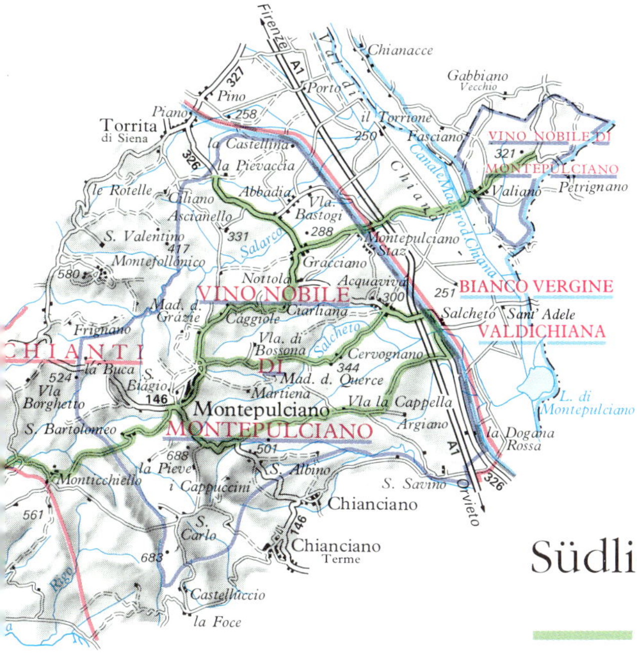

Südliche Toskana

Weinstraße

Regionalgrenze

Provinzgrenze

BRUNELLO DI MONTALCINO DOC/DOCG

DOC-/DOCG-Grenzen sind durch farbige Linien gekennzeichnet

Oben: *Die kleinen Geschäfte spielen noch eine große Rolle in den italienischen Städten.*

Rechts: *Farbenprächtige Fahnen in Montepulciano.*

CHIANTI COLLI SENESI

EMPFOHLENER ERZEUGER

Castello di Farnetella
Tel. 0576/663520
Geführt von Giuseppe Mazzocolin, der auch das großartige Felsina in Chianti Classico mit Hilfe des Weinberaters Franco Bernabei leitet. Umwerfender Chianti Colli Senesi und edle internationale Sortenweine.

Die meisten anderen guten Chianti Colli Senesi kommen von Gütern in Montepulciano und Montalcino.

MONTEPULCIANO

HOTELS

Wenn Sie nicht in Siena oder Arezzo wohnen, nehmen Sie sich besser eines der Zimmer im La Chiusa in Montefollonico, in der Locanda dell'Amorosa, oder fahren Sie nach San Quirico.

RESTAURANTS

Locanda dell'Amorosa
Ortsteil Amorosa, Sinalunga
Tel. 0577/679497
Einfallsreiche Gerichte auf toskanischer Grundlage. Gut ausgestattete Zimmer. Geschlossen montags, Dienstag mittags.

La Chiusa
Montefollonico
Tel. 0577/669668
Das schickste Restaurant des Gebiets. Regionale Zutaten, aber leichte und ausgewogene Speisen. Teuer. Dienstags geschlossen.

Die Weinberge

Auf dem Weg hinauf ins Montepulciano-Gebiet werden die Rebflächen binnen Sekunden dichter. Hier sind Sie von drei der besten Unterzonen des Gebiets umgeben: rechts Ascianello, links Abbadia und vor Ihnen Gracciano. Weiter geht's zum Dorf Gracciano. Fahren Sie an der T-Kreuzung rechts, wenn Sie geradewegs zur Stadt wollen, aber da die besten Weinberge alle östlich und nordöstlich der Stadt liegen, ist dies der Ausgangspunkt der Tour.

DAS NORDÖSTLICHE MONTEPULCIANO

Biegen Sie in Gracciano links Richtung Valiano ab. Sie passieren in rascher Folge Raspanti (links), die Tenuta di Gracciano aus dem 18. Jahrhundert (links) mit der benachbarten Fattoria di Gracciano, gefolgt von der Fattoria di Mazzu-

chelli. Das nächste moderne Gebäude rechts ist Poliziano. Hier geht es auf eine Höhe von 250 Metern hinab, unter der keine Montepulciano-Weine produziert werden dürfen. Folgen Sie der Rechtskurve der Straße nach Valiano, einer anderen Unterzone, wo es mit den Montepulciano-Weinbergen weitergeht.

Rechts liegt die Lodera Nuova, gefolgt von der Tenuta Trerose, einer modernen Riesenkellerei. Ein paar Kilometer links liegt die Provinz Arezzo, während hinter den Weinbergen rechts die Grenze der Toskana zu Umbrien verläuft. Vor Ihnen, ein kleines Stück rechts oben, ist die Fattoria delle Capezzine zu sehen, eines von drei Gütern, die den Avignonesi gehören. 1988 gekauft und stark umstrukturiert, umfaßt es ihren Barrique-Keller sowie einen anderen, der ihren vielgepriesenen Vin Santo beherbergt.

Auf der Weiterfahrt zu Le Capezzine ist über einem kleinen Hügel ganz rechts La Calonica zu sehen. An der kleinen Gabelung haben Sie das äußerste Ende von Montepulciano erreicht, 15 Minuten bei schneller Fahrt von Gracciano. Die Straße weiter geradeaus führt nach Cortona. Sie können entweder umkehren oder scharf rechts einen Bogen fahren, der hinter Trerose wieder auf diese Straße stößt. Auf dem Rückweg sind die Blicke über das Val di Chiana viel eindrucksvoller.

An der Gabelung gleich hinter der zweiten Bahnlinie halten Sie sich links (Montepulciano ausgeschildert). Sie fahren hinter Poliziano (rechts von Ihnen) nach Nottola (rechts). Bei der nächsten Gelegenheit fahren Sie rechts (Richtung Sinalunga), und sofort sind Sie wieder in

Oben: *Beim Näherkommen bietet die Stadt Montepulciano ein überwältigendes Panorama.*

Diva e Maceo
Tel. 0578/716951
Klassische Küche und gutes Sortiment lokaler Weine. Äußerst preisgünstig. Dienstags geschlossen.

Pulcino
Tel. 0578/757242
Dieses große «Ristorante Rustico» liegt inmitten von Reben und Oliven an der südöstlichen Ausfallstraße der Stadt. Gewaltige Portionen herzhafter Kost.

FEINKOSTGESCHÄFTE

Markt: Donnerstag.

Caseificio Silvana Cugusi
Via Gracciano nel Corso 31
Lokaler *Pecorino*-Käse Pecorino di Pienza.

ENOTECA

Enoteca Oinochoé
Via di Voltaia nel Corso 82
Großes Sortiment aus ganz Italien.

SEHENSWÜRDIGKEITEN

Cantina del Redi – Der aufregendste der unterirdischen Keller. Wahrscheinlich etruskischen Ursprungs (14. Jahrhundert). Im Eingangsbereich kleiner Laden mit gutseigenen Weinen, kleine Auswahl von Eß-, Ton-, Glaswaren.

Antico Caffé Poliziano *(Via di Voltaia nel Corso 25)* – Ein absolutes Muß. Die eleganteste Bar der Provinz. 1868 gegründet. Gut sind Kaffee, Snacks und Getränke sowie der weite Ausblick.

EMPFOHLENE ERZEUGER

Sofern nicht anders vermerkt, produzieren alle unten aufgeführten Güter Vino Nobile di Montepulciano und Rosso di Montepulciano.

Avignonesi*
Tel. 0578/75 78 72 13
Die Weine sind gigantisch: ein ganzer Mund voll Intensität, Gewicht, Extrakt – und Klasse. Sie brauchen Jahre, um zu reifen. Außer Le Cappezzine besitzen die Brüder Avignonesi auch Güter in Poggetti und La Selva. Sie erzeugen Grifi (Sangiovese, Cabernet), Marzocco (Barrique-Chardonnay), Il Vignola (Sauvignon), Merlot, Aleatico di Sovano, Rosso Avignonesi und Bianco Avignonesi. Auch den intensivsten, vollsten, langlebigsten, nektargleichsten, wunderbarsten (und teuersten) Vin Santo.

Terre di Bindella*
Tel. 0578/76 77 77
Im Besitz des Schweizers Rudolf Bindella. Alles basiert auf genauer Forschung, Technik und Investition. Montepulcianos am dichtesten bepflanzter Weinberg (über 9000 Stöcke/ha); kleine Fässer in klimatisierten Kellern. Langsam reifende, fest strukturierte Weine.

Oben: *Eine alte* casa colonica.

Rechts: *Solche Korbflaschen sind aus den Weinbaugebieten der Toskana fast völlig verschwunden.*

Gracciano. Jetzt zweigen Sie am Schild zu Fassati scharf links ab, und in einer Minute kommen Sie an Fassatis Weinkellern linker Hand und den Weinbergen rechter Hand vorbei und haben das herrlich gelegene Montefollonico hoch oben vor sich. Beim Weiterfahren fließt rechts der Salarco-Bach parallel zur Straße. Die Weinberge gehören zum Gut Le Caggiole, das weiße Trauben auf flacherem und rote auf höherem Gelände anbaut, während sich rechts die Rebflächen von Innocenti befinden, dem einzigen Gut außerhalb der Zone mit Weinkellern in Montefollonico. Sie alle kommen auf den wenigen Kilometern vor der nächsten Gabelung. An dieser Stelle haben Sie vor sich und links die Ländereien von Contucci und gleich um die Ecke den Weinberg Asinone, eine besondere Spitzenlage von Poliziano. Links führt Sie eine bestechend schöne Route in die Stadt Montepulciano.

An der nächsten T-Kreuzung rechts, und Sie sind wieder auf der Hauptstraße. Biegen Sie kurz vor der Einfahrt in die Stadt am Consorzio Agrario links ab und dann sofort rechts in die Via dei Canneti. So umfahren Sie Montepulciano unterhalb, so daß die Stadt links von Ihnen bleibt,

während Sie sich rechts halten. Sie kommen am Weingut Canneto vorbei, und plötzlich sehen Sie neben sich die beeindruckende, stimmungsvolle Kirche San Biagio. Fahren Sie rechts. Ein guter Standort für Photos von der Kirche und der Stadt ist gleich dahinter rechts und dann etwa einen Kilometer die Straße entlang, an der Cantina Santavenere vorbei. Ansonsten biegen Sie hier links ab und umrunden Montepulciano ganz, bis Sie wieder am Consorzio Agrario sind.

DAS ÖSTLICHE MONTEPULCIANO

Verlassen Sie Montepulciano auf der Straße nach Chianciano Terme. Folgen Sie ihr ein paar Minuten, bis sie eine scharfe Rechtskurve beschreibt. Hier fahren Sie geradeaus weiter, auf eine kleine Straße nach Argiano. Dieses Stück ist das Herz Montepulcianos. Vorbei am Wald zur Linken, sehen Sie die Fattoria di Paterno. Hinter dem Waldstück liegt eine ausgedehnte Rebfläche, die zur Fattoria del Cerro gehört. Achten Sie auf den Unterschied zwischen den älteren Parzellen mit weniger Rebstöcken pro Hektar und den neueren, die zur Qualitätssteigerung eine größere Pflanzdichte haben. Die Pro-

Poderi Boscarelli*
Tel. 05 78/76 76 08
Gut ausgerichtete und gelegene Weinberge. Volle, kräftige Weine, stark in Aroma, Frucht, Körper und Rückgrat, und doch elegant. Erzeugt auch Boscarelli (intensiver Sangiovese und Cabernet), Chianti Colli Senesi.

La Calonica
Tel. 05 78/72 41 19
Weingut am äußersten Nordostrand der Zone, nahe dem Trasimenischen See. Der See schafft sein eigenes Kleinklima, indem er die Winterkälte wie die Sommerhitze mildert und für Feuchtigkeit sorgt. Sortentypische, traditionelle, nicht zu kräftige, leicht trinkbare Weine. Ferner Chianti Colli Senesi, Bianco Vergine Valdichiana, kleine Mengen Vin Santo.

Agricola Canneto
Tel. 05 78/75 77 37
Fast 20 ha Weinberge auf über 55 ha Land in Schweizer Besitz. Das meiste wird exportiert. Gepflegte Weinberge und kürzlich neu ausgestattete Kellerei verheißen Gutes; die Weine selbst sind rund, ausgewogen und gut.

Fattoria Le Casalte*
Tel. 05 78/79 91 38
Eine Perle von Weingut. Besitzer Guido Barioffi liebt den Weinbau leidenschaftlich, und seine Weinberge gehören zu den perfektesten in der Toskana. Ein Berater hilft ihm, die Geschmacksnoten aus den Weinen herauszuholen, die seine Trauben zu bieten haben. Baut auch etwas Chardonnay und Grechetto an.

Contucci*
Tel. 05 78/75 70 06
Eine seltsame Mischung von modernen Weinen und altem Weinkeller. Braucht gute Jahrgänge, damit der Charakter der Weine voll zur Geltung kommt.

Dei
Tel. 05 78/71 68 78
Neue Firma, die 1985 den ersten Jahrgang bereitet hat. Leichterer, fruchtigerer, eleganterer Stil von Vino Nobile.

Oben: *Ein alter Olivenbaum.*

Oben: *Frisch abgefüllter Wein wartet auf die Freigabe zum Verkauf.*

Rechts und unten: *Ländliche Bilder aus der vom Weinbau beherrschten Gegend um Montalcino und Montepulciano.*

Fattoria del Cerro*
Tel. 05 78/76 77 22
Großes, eindrucksvolles Weingut, Vorreiter bei önologischen Experimenten. Produziert reiche Weine voll Frucht, gestützt von gutem Körper, besonders den Vino-Nobile-Lagenwein Vigneto Antica Chiusina. Breites Angebot.

Fassati
Tel. 05 78/70 87 05
Sehr große Firma mit riesigen, aber wohlgeordneten Weinkellern. Unermüdlicher Einsatz des Leiters Amedeo Esposito. Weine von ungleichmäßiger Qualität, aber Superberater Franco Bernabei ist jüngst eingesprungen, und mit Verbesserungen wird gerechnet.

Fattoria di Gracciano
Tel. 05 78/70 82 28
Zuverlässige, konzentrierte, langsam reifende, feste Weine. Runder, blumiger Vin Santo. Auch Bianco del Paladino (Trebbiano, Malvasia und Grechetto).

Vittorio Innocenti
Tel. 05 78/66 95 37
Etwa ein Drittel der Produktion ist Vino Nobile oder Rosso di Montepulciano, das meiste übrige Chianti Colli Senesi. Die Weine sind von der klassischen Art; sauber, gut duftig, mit festem Tanninrückgrat und von großer Klasse.

duktionsanlagen der Fattoria del Cerro sind die niedrigen, rosa, dunkel gedeckten Gebäude links. Ein kurzes Stück abseits zur Rechten liegt Le Casalte. Kurven Sie weiter bergab (ignorieren Sie die Linksabzweigung nach Argiano selbst), bis Sie aus der Anbauzone heraus sind, unterqueren Sie die Autobahn, und biegen Sie links auf die Hauptstraße. Linker Hand führt eine atemberaubende Zypressenallee zu Poggio alla Sala.

Jetzt können Sie fünf Minuten lang auf der Hauptstraße bleiben. Fast unmittelbar hinter der Autobahn kommen Sie nach Acquaviva. In der Dorfmitte biegen Sie links auf eine schmale Straße nach Cervognano ab, und Sie sind wieder im Weinland. Dies ist das Gebiet, wo sich die meisten Agriturismo-Betriebe befinden.

Eine Allee zur Rechten führt zu dem hübschen kleinen Weingut Poderi Boscarelli. Ein paar Minuten später passieren Sie den Weiler Cervognano und drei oder vier Minuten danach das Weingut Fanetti (rechts). An der Abzweigung, die kurz darauf folgt, können Sie einen Umweg nach links zu den Weinbergen von Dei machen (dann wieder umkehren) oder sich rechts halten. Nur ein paar Sekunden später führt eine weitgeschwungene volle Rechtskurve auf eine nicht asphaltierte Straße, die Strada di Bossona. (Auf Karten scheint die Straße in Bossona zu enden, aber in Wirklichkeit geht sie weiter.) Dies ist abermals eine Traumstraße, mit Steilabfällen links und sanften Hügelketten rechts. Das nächste Rebstück zur Rechten ist Il Conventino, das einen deutschen Besitzer hat. Die Straße geht steil nach unten, bis sie auf eine Kreuzung stößt, das Gebiet der Tenuta Valdipiatta. Geradeaus sehen Sie ein paar Schuppen, und Sie biegen rechts auf eine ausgefahrene Piste. Bald kommen Sie an eine T-Kreuzung. Fahren Sie links, und Sie sind wieder auf Asphalt. An der nächsten Beschilderung fahren Sie links nach Montepulciano zurück. (Rechts sind Sie in zwei Minuten in Nottola und dann in Gracciano, wo die Tour losging).

Poliziano*
Tel. 0578/738171
Rund 80 ha Weinberge in drei Lagen: Gracciano, Le Caggiole und Le Pietrose. Intensive, kräftige, bemerkenswert gute Weine. Der Besitzer Frederico Carletti ist einer der ganz wenigen, die eigene Parzellen für Rosso di Montepulciano haben, statt eine Traubenauswahl zu treffen. Der Standartenträger ist der prachtvolle Vino-Nobile-Lagenwein Vigna Asinone. Macht auch Elegia (Sangiovese, Cabernet), Le Stanze (100% Cabernet Sauvignon), Vin Santo u.a.

Tenuta Trerose*
Tel. 0578/724018
Großes, modern geführtes Weingut. Gut gemachte, qualitätvolle Weine. Produziert auch etliche Weiße.

Tenuta Valdipiatta*
Tel. 0578/757930
Kleiner Familienbetrieb mit großer Begeisterung. Die Weine werden jedes Jahr besser und haben große Individualität, Persönlichkeit und die seltene Verbindung von Kraft und Eleganz.

* Wenn Sie eines oder mehrere dieser Weingüter und/oder **Fattoria La Braccesca**, **Tenimenti Ruffino** und **Talosa** besuchen wollen, können Sie auch bei Maddalena Mazzeschi anrufen *(Tel. 0578/758465)*. Sie macht die Öffentlichkeitsarbeit für diese Gruppe.

Unten links: *Poliziano war der alte Name Montepulcianos.*

Unten: *Holzpfosten zur Unterstützung der Erziehungsdrähte im Weinberg.*

Oben: *Der italienische Grappa wird aus den Trestern der Trauben für die Weinkelterung hergestellt.*

PIENZA UND SAN QUIRICO

HOTELS

Hotel Residence Casanova
San Quirico, Tel. 05 77/89 81 77
Großzügig, vornehm, geruhsam. Gebaut im typischen toskanischen Stil, aber mit allem modernem Komfort.

Hotel Posta
Bagno Vignoni, Tel. 05 77/88 71 12
Dampfender natürlicher Swimmingpool: sprudelndes heißes Wasser (um 40°C).

RESTAURANTS

La Buca delle Fate
Pienza, Tel. 05 78/74 84 48
Klassische toskanische Küche. Montepulciano-Weine in der Karaffe. Auch zu Snacks. Montags geschlossen.

Taverna di Moranda
Monticchello (Pienza), Tel. 05 78/75 50 50
Zumeist traditionelle toskanische Kost. Große Weinkarte. Gediegen, aber preiswert. Montags geschlossen.

Osteria del Leone
Bagno Vignoni (San Quirico Val d'Orcia) Tel. 05 77/88 73 00
Köstliche toskanische Gerichte. Gute regionale Weinkarte. Nicht teuer. Montags geschlossen.

MONTALCINO

HOTELS

Mitte 1995 waren drei neue Hotels im Bau, von denen wenigstens zwei Anfang 1996 eröffnen müßten. Fragen Sie beim Fremdenverkehrsamt (Tel. 0577/849331) nach.

Al Brunello di Montalcino
Ortsteil Bellaria, Tel. 05 77/84 93 04
Modern, gemütlich, aber recht vollgestellte Zimmer. Das Hotelrestaurant ist schick und gar nicht schlecht.

MONTEPULCIANO – MONTALCINO

Auf der Fahrt zwischen Montepulciano und Montalcino, einer der schönsten Strecken der Toskana, wird deutlich, wie sehr der Wein- und sonstige Landbau den natürlichen Gegebenheiten angepaßt ist.

Von Montepulciano aus fahren Sie Richtung Pienza. Beim Zurückschauen beherrscht die majestätische Silhouette der Stadt die Landschaft. Das Rebland wird nach und nach weniger, aber auch wenn Sie die Weinzone (identisch mit der Gemarkung) schon lange verlassen haben, kommen immer noch Rebstöcke, diesmal vom Chianti Colli Senesi. In diesem reizvollen Strich mit wogenden Hügeln ist der Anbau gemischter, es gibt kleine Obst- und Gemüseflächen sowie Weideland für Schafe. Weiter unten im Tal (der Orcia) dominiert zusehends der Getreideanbau.

Pienza

Nach 15 Minuten und einem erneuten kleinen Anstieg sind Sie in Pienza. Ein Bummel durch den alten Stadtkern lohnt sich. Pienza wurde in der Renaissance geplant und gebaut, insgesamt eine Freude und Erholung für das Auge. Besonders die zentrale Piazza mit ihren verzierten Erkern ist ein Genuß, der auch den eiligsten Besucher innehalten läßt. Gleich außerhalb der Stadt steht die Pieve di Corsignano, eine friedliche, schlichte romanische Kirche. Pienza ist auch berühmt für seine Käse, die *ricotta* und den weithin bekannten *pecorino di Pienza* (überall am Straßenrand weiden

Oben: *Pienza war in der Renaissance einer der ersten stadtplanerischen Versuche.*

Links: *Die Straße zwischen Montepulciano und Montalcino ist mit ihren wunderbaren Aussichten eine der schönsten in der ganzen Toskana.*

Schafe), sowie für eine Kekssspezialität, die seltsamerweise nach Lucrezia Borgia benannt ist.

Hinter Pienza führt die Straße abermals hinunter in offenes Land, dessen freie Weite nach soviel Berg und Tal richtig wohltuend ist.

San Quirico

Sie kommen sich vor wie in einer riesigen Untertasse, mit einem weit entfernten Hügelkranz als Rand. Nach zehn Minuten steigt die Straße wieder an, diesmal empor zu dem schmucken Städtchen San Quirico; darauf geht es weiter nach Bagno Vignoni, einem beliebten Heilbad mit 40 Grad Celsius heißen Quellen. Einige der Becken sind an Sommerwochenenden die ganze Nacht hindurch geöffnet.

Der Weg nach Montalcino führt Richtung Siena an dem Ort vorbei. Bald wird das Bild schroffer und kahler, und es kommen die ersten Anzeichen der berühmten «Mondlandschaft», die einen Großteil der südwestlichen Toskana prägt. Aber nur am Jahresende, nach der Getreideernte, tut der allgegenwärtige blaugraue Ton seine unheimliche, unirdische Wirkung; zu anderen Zeiten ist sie nur an dem einen oder anderen kahlen Fleck zu erahnen. Nach fünf Minuten ist in Torrenieri die Nebenstrecke nach Montalcino ausgeschildert. Weinberge tauchen wieder auf, und plötzlich erscheint, auf einem gewaltigen Massiv in einer Höhe von knapp unter 600 Metern, Montalcino – einer der erhabensten Anblicke der ganzen Toskana.

RESTAURANTS

Sciame
Tel. 05 77/84 80 17
Typische toskanische Spezialitäten. Mittellange Weinkarte mit gutem Angebot von Montalcino-Weinen.

Il Pozzo
Sant'Angelo in Colle, Tel. 05 77/86 40 15
Wohlschmeckende, herzhafte, regionale Kost. Herrliches Olivenöl und reiches Angebot an Montalcino-Weinen.

La Taverna dei Barbi
Tel. 05 77/84 93 57
Mahlzeiten und üppige Imbisse auf dem Gut der Fattoria dei Barbi. Mittwochs geschlossen.

Poggio Antico
Tel. 05 77/84 92 00
Sehr schickes Restaurant auf dem Weingut Poggio Antico. Delikate und herrlich zubereitete Speisen, auch Fisch aus dem Trasimener See. Erlesenes Weinsortiment, der einzige Montalcino ist Poggio Antico. Nicht billig, aber das Geld weiß Gott wert.

ENOTECHE

La Fiaschetteria
Piazza del Popolo
Der Treffpunkt in Montalcino. Die besten Brunello und Rosso di Montalcino sowie viele der besten Chianti. Auch ein paar Tische, wo man Salami, Käse u.a. Kleinigkeiten verzehren kann.

Enoteca della Fortezza
Piazzale della Fortezza
Geführt von einem echten Weinliebhaber. Volle Auswahl der örtlichen Weine. Kleines Sortiment nicht toskanischer feiner Weine.

Enoteca Franci
Cantaste, Via Ricasoli
Gegenüber von der *trattoria* Sciame. Breite Weinpalette.

VERANSTALTUNG

Honigwoche – 1. Septemberwochenende. Alles was mit Honig zu tun hat, von der Biene bis zum Honigglas.

SEHENSWÜRDIGKEIT

Fortezza *(Tel. 0577/84 92 11)* – Riesige Auswahl an Montalcino-Weinen zur Degustation, zum Trinken und Kaufen. Schönes Panorama. Kleinigkeiten zum Essen. Von 1.00 - 2.00 Uhr geschlossen.
Glasmuseum im Castello di Poggio alle Mura

EMPFOHLENE ERZEUGER

Wenn nicht anders angegeben, produzieren alle unten Aufgeführten Brunello di Montalcino und Rosso di Montalcino. Das Wort «Brunello» allein bezieht sich auf die Traube, nicht auf den Wein Brunello di Montalcino.

Montalcino

Montalcinos zentrale Bedeutung als Weingebiet sticht an jeder Ecke ins Auge. Es gibt beinahe zu viele *enoteche*; Lokale und Restaurants führen Dutzende von Marken. Den Platz unterhalb der alten Festung, die den Ort überragt, ziert eine große Tafel, auf der das Consorzio di Brunello di Montalcino alle Weingüter auf einer Karte verzeichnet hat.

Obwohl hier seit Jahrhunderten Weine produziert werden, machen sie erst in den letzten 125 Jahren von sich reden. Nach einer vielerzählten Geschichte ist das der Familie Biondi-Santi zu verdanken, die durch die Entwicklung der Brunello-Traube (eines speziellen Sangiovese-Klons) und ihren unverschnittenen Gebrauch Stil und Qualität des Weins bestimmte. Jedenfalls gibt es kaum ein anderes Gebiet, das bei einem so hohen Prozentsatz seiner Weine eine so gleichbleibend hohe Qualität erreicht hat und hält.

Montalcino ist nur eine halbe Stunde von Montepulciano entfernt. Kurz nach Buonconvento ist schon Montalcino ausgeschildert. Nach wenigen Minuten überqueren Sie die Grenze der Zone. Die Straße schlängelt sich dahin, und plötzlich erblickt man Montalcino auf seinem Hügel. Die Landschaft ist überwältigend: sanfte Farben und häufige Nebelbänke.

Ganz oben: *Ein toskanisches Essen endet oft mit frischem Obst, zum Beispiel Feigen.*

Oben: *Herstellung des* Pecorino-*Schafskäses in der Fattoria dei Barbi*

Rechts: *La Fiaschetteria, der Treffpunkt der Weinfreunde in Montalcino, besitzt einen phantastischen Weinkeller.*

Die Weine

Montalcinos Ruf beruht auf dem Brunello di Montalcino. Er wird ausschließlich aus der Brunello-Traube gewonnen, einem besonderen Sangiovese-Klon, und muß mindestens vier Jahre altern, davon wenigstens die ersten drei in Holzfässern. Er reift langsam, hält lange und gibt große, vollfruchtige, kräftige, intensiv aromatische, komplexe Rotweine. Fast alle Winzer keltern auch Rosso di Montalcino (die DOC zu Brunello di Montalcinos DOCG). Er ist jünger (ein Jahr Alterung ist Minimum), lebendiger, nicht so intensiv und unverblümter fruchtig, aber dennoch aus 100 Prozent Brunello bereitet.

In neueren Jahren ist auch der Moscadello di Montalcino wieder zu Ehren gekommen. Die weiße Moscadello-Traube ist eine Abart von Moscato bianco und ergibt leichte und erfrischende, wunderbar traubige und liebliche Weine. Es gibt drei Stile: still, *frizzante* (moussierend) und Spätlese *(vendemmia tardiva)*. Letzterer, aus spätgelesenen, besonders reifen Trauben, die man manchmal kurz trocknen läßt, damit sie noch konzentrierter werden, ist stärker und voller im Geschmack. Darüber, welcher Typ der «echte» Moscadello ist, sind die Ansichten geteilt. Ein Winzer stellt selten mehr als einen Stil her.

Ganz oben: *Montalcino im Sonnenlicht. Die Stadt quillt über von* enoteche, *Bars und Restaurants mit einem guten Weinangebot.*

Oben: *Zypressen säumen den Weg zur Tenuta Col d'Orcia.*

Tenuta di Argiano
Tel. 0577/864037
Im Besitz von Cinzano, aber unter einheimischer Leitung. Schöne Villa mit herrlichem Ausblick und stimmungsvollen, alten Kellern mit einer Fülle von Fässern. Kräftige Weine mit Charakter, Konzentration und Persönlichkeit.

Altesino
Tel. 0577/806208
Modern geführtes Gut mit etwa 100 ha Grund, aber relativ kleinen Weinbergen an drei Standorten: Altesino, Montesoli und Gaugg iole. Weine zurückhaltend, elegant, geschmeidig und fruchtbetont. Auch Palazzo Altesi (Brunello im Barrique) und Alte Altesi (Brunello und Cabernet).

Banfi
Tel. 0577/840111
Riesiges Weingut im Besitz des Großunternehmens Banfi, des amerikanischen Importeurs von italienischem Wein. Über 800 ha Rebfläche, auf 150 ha davon wird Brunello di Montalcino erzeugt. Eine der größten Kellereien Italiens, ein Stahlpalast im Verein mit einem Schloß aus Eiche. Ungeheure Menge von Weinen, darunter Sauvignon blanc, Pinot grigio, Chardonnay, Syrah, Cabernet Sauvignon, Pinot nero und Merlot sowie Brunello oder Brunello-Verschnitte. Die erstklassigen Brunello di Montalcino Riserva immer hochgelobt; obgleich ihre Stärke makelloser Stil ist, nicht große Individualität.

Fattoria dei Barbi
Tel. 0577/848277
Eines der Spitzengüter Montalcinos, geführt von Francesca Colombini Cinelli

und ihrer Tochter Donatella. Brunello di Montalcino Riserva Vigna del Fiore ist der Spitzenwein. Auch Brusco dei Barbi, Bruscone dei Barbi, Moscadello di Montalcino und Vin Santo.

Biondi-Santi
Tel. 0577/847121
Sein Ruf als das Nonplusultra von Montalcino scheint gegen die wachsende Zahl zweifelnder Stimmen seltsam unempfindlich zu sein. Erwarten Sie kein offenes Haus, doch vielleicht dürfen Sie den jüngsten Rosso di Montalcino probieren.

Tenuta di Caparzo
Tel. 0577/848390
Weinberge in Torrenieri, La Caduta und La Casa. Offene, runde Weine, die dennoch Zeit brauchen, weich zu werden. Macht auch Ca' del Pazzo (Sangiovese, Cabernet), Le Grance (Chardonnay) u.a.; Olivenöl.

Casanova di Neri
Tel. 0577/834029
Konzentrierte, warme, gut strukturierte Weine von großer Persönlichkeit, besonders der Riserva Cerretalto.

Case Basse
Tel. 0577/848567
Spitzenweingut, das prämiierte, volle, konzentrierte Weine mit festem Rückgrat produziert. Macht auch Inistieti aus derselben am besten Standort gewachsenen Rebsorte, aber früher abgefüllt als der Brunello di Montalcino.

Tenuta di Castelgiocondo
Tel. 0577/848492
Relativ leichter, aber vollfruchtiger und günstiger Brunello di Montalcino und weicher, köstlicher Rosso di Montalcino. Doch man geht langsam zu festeren, konzentrierteren und doch eleganteren Weinen über, ohne die Fruchtigkeit

Oben: *Das Castello Banfi gehört nun einer großen amerikanischen Gesellschaft.*

Unten: *Montalcinos Rebfläche hat sich in den letzten 20 Jahren stark vergrößert.*

Die Weinberge

Montalcinos Weinbaugebiet wird von drei Flüssen begrenzt: dem Orcia, dem Asso und dem Ombrone. Es zerfällt von Natur aus in drei Unterzonen.

DAS NÖRDLICHE MONTALCINO

Brechen Sie durch die Porta Burelli im Norden auf. Auf einer Schotterstraße geht es sofort steil bergab. Fahren Sie zwischen den vor Ihnen auftauchenden Torpfosten hindurch, dann an der nächsten T-Kreuzung rechts. Sie kommen auf den Hügel von Montosoli, dessen Weinberge Altesino und anderen gehören. Sie passieren die Rebflächen der Capanna di Cencione, und nach einer Linksbiegung erblicken Sie zur Linken La Casa, eine Spitzenlage der Tenuta di Caparzo.

Nach einer Rechtskurve kommt rechts das Weingut Valdicava. Kurz darauf geht es links und gleich wieder rechts (nennen wir diese Stelle Ausgangspunkt A), und plötzlich sind alle Anzeichen von Weinbau verschwunden. Wenige Minuten später sind Torrenieri und Casanova di Neri rechts ausgeschildert. Sie fahren weiter geradeaus bis zur Gabelung, dort

Links: *Der langlebige Brunello di Montalcino profitiert von seinem langsamen Ausbau: mindestens vier Jahre Alterung, wenigstens drei davon im Faß.*

Unten: *Die Fattoria dei Barbi ist eines von Montalcinos profiliertesten Weingütern.*

links (das Haus hinten links ist Altesino). Sie kommen an der Tenuta di Caparzo vorbei, dann an der Kellerei Altesino.

Nach einer weiteren großen Linkskurve fahren Sie am Stoppschild links zurück nach Süden. In wenigen Minuten sind Sie wieder am Ausgangspunkt A, von wo es weiter ins Herzland von Montalcino geht. Das große, moderne Weingut Val di Suga beherrscht das Bild. Kurz danach biegen Sie rechts auf eine schmale, steile Schotterstraße ein. Dies ist der Canalicchio, an dem ein Weingut neben dem anderen liegt.

DAS ÖSTLICHE MONTALCINO

Im Osten sind die Weingüter noch dichter gedrängt als im Norden. Praktisch alle lassen sich in 20 Minuten sehen. Verlassen Sie diesmal die Stadt unterhalb der Festung Richtung Süden. Nehmen Sie von den Straßen vor Ihnen die ganz linke (Richtung Siena). Folgen Sie dieser Hauptstraße bis zur nächsten Abzweigung, wo Sie rechts fahren. Costanti liegt rechts von Ihnen, dahinter Greppone Mazzi.

Fahren Sie an der nächsten Gabelung rechts auf eine ungeteerte Straße durch eine Gruppe winziger Weingüter: Fornacella, Fornacina und La Fornace. Sie halten sich weiter links und bleiben einige Minuten auf einer hübschen, friedlichen Straße. Praktisch das letzte Haus, an dem Sie vorbeikommen, ist San Filippo. Machen sie kehrt. An der zweiten Abbiegung (mit Schildern zu mehreren Gütern) fahren Sie rechts. Die riesige Eiche rechts kennzeichnet die Einfahrt zu La Fortuna. Nach etwa einer Minute wird der Ostrand Montalcinos links von der Canalicchio-Piste markiert. Auf ihr gelangen Sie zurück zur Stadt.

aufzugeben. Muß man sich merken. Produziert auch Vergena (Barrique-Sauvignon) und Lamaione (Merlot), Grappa und Olivenöl.

Cerbaiona
Tel. 0577/848660
Juwel von einem Weingut; kleiner Familienbetrieb, in guten Jahren mit vorzüglichen, vollen, geschmeidigen, aber gut strukturierten Weinen. Auch Cerbaiona Rosso (Brunello, früher abgefüllt).

Chiesa di Santa Restituta
Tel. 0577/848610
Herrlich gepflegte, exzellente Weinberge, ein hingebungsvoller Meister der Kellerkunst und jetzt der Einstieg des Beraters Angelo Gaja ergeben wuchtige, volle, feste, konzentrierte Weine.

Col d'Orcia
Tel. 0577/808004
Wundervolle Weine. Wärme und Fülle mit edelster Feinheit. Im Besitz von Cinzano, geleitet von einheimischem Team. Der Spitzenwein Brunello di Montalcino Riserva Poggio al Vento ist umwerfend, der Rosso di Montalcino ein süffiger Genuß. Exzellenter Moscadello.

Costanti
Tel. 0577/848195
Das Gut heißt eigentlich **Colle al Matrichese**, ist aber von jeher unter dem Namen des Besitzers Andrea Costanti bekannt. Die Weine sind fest, elegant und bemerkenswert hochklassig: der Rosso di Montalcino ebenso wie der Brunello di Montalcino. Macht auch Vermiglio (ebenfalls aus Brunello).

Oben: *Testflaschen in der Kellerei Biondi-Santi.*

DAS SÜDLICHE MONTALCINO

Die Weingüter im Süden Montalcinos liegen weit auseinander, so daß man für einen richtigen Eindruck der Gegend etwa anderthalb Stunden braucht. Es ist die herrlichste Ecke von Montalcino. Verlassen Sie die Stadt unterhalb der Festung, und nehmen Sie die mittlere Straße Richtung Castelnuovo dell'Abate. Nach drei Minuten kommt links eine Baumgruppe, von der eine Zypressenallee abgeht. Das ist Il Greppo, das Gut von Biondi-Santi. Nach einem relativ flachen Stück führt links eine Allee zur Fattoria dei Barbi.

Bald taucht Sant'Antimo auf, eine wunderbar schlichte Kirche aus dem 12. Jahrhundert. Folgen Sie der Straße unterhalb von Castelnuovo dell'Abate. Das Dorf vor Ihnen ist Sant'Angelo in Colle; hier sind Sie im äußersten Süden der Zone. Das Land gehört zum großen Teil zu dem angesehenen Weingut Il Poggione.

An der nächsten T-Kreuzung kämen Sie rechts zurück nach Montalcino, doch nehmen Sie links die Straße unterhalb von Sant'Angelo in Colle, und machen Sie einen Abstecher in das ruhige, friedliche Dorf. Wieder auf der Hauptstraße ist rechts das erste Gut, an dem Sie vorbeikommen, Pian di Conte, das Gut des hochangesehenen Kellermeisters Talenti.

Greppone Mazzi
Tel. 0577/849215
Besitzer ist Ruffino, die große Chianti-Firma. Erzeugt außer Moscadello di Montalcino nur Brunello di Montalcino Riserva, mindestens 5 Jahre gelagert. Warme, fette Weine, sehr traditionell im Stil.

Lisini
Tel. 0577/864040
Schlanke, fest strukturierte Weine, die etwas Nachhilfe brauchen, um ihren Charakter zu zeigen. In dem Fall lohnt ihre Finesse, volle Fruchtigkeit und belebende Würzigkeit das Warten.

Pian di Conte
Tel. 0577/864029
Nachdem Pierluigi Talenti sein Arbeitsleben darauf verwandt hat, die Weine von Il Poggione mit zu den besten der Gegend zu machen, durfte er jetzt, wo er pensioniert ist, bei seinem eigenen Gut nicht dahinter zurückbleiben. Phantastische, wunderbar ausgewogene und gleichbleibend großartige Weine.

Die nächste Abzweigung heißt *bivio Argiano* nach dem dort gelegenen Weingut. Fünf Minuten hinter Sant'Angelo in Colle kommen Sie nach Sant' Angelo Scalo, durch das Sie müssen, um Col d'Orcia zu erreichen. Sant'Angelo Scalo liegt an der Südgrenze Montalcinos. Nun fahren Sie rechts und zurück nach Norden. Der wuchtige Komplex linker Hand ist der Hauptsitz von Banfi. Die nächsten 15 Minuten schwimmen Sie durch ein Meer von Reben. Ein Stück weiter links liegt das stattliche Kastell Poggio alle Mura.

Ein paar Minuten hinter dem Kastell kommt das Dorf Camigliano, weiter links das gleichnamige Weingut. Unmittelbar zur Rechten steht eine kleine Pflanzung junger Eichen: ein Banfi-Experiment zur Trüffelzucht. Einige Minuten weiter, und Sie sind am Rand des Dorfes Tavernelle. An diesem Punkt bringt Sie eine Nebenstraße (links) nach Castelgiocondo. Gleich hinter dem Dorf führt eine andere Nebenstraße, diesmal nach rechts, zu einer Reihe von Kellereien. Ein hoher Turm von Straßenschildern steht hier – aber sie zeigen alle in die andere Richtung. Machen Sie hier rechts einen fünfminütigen Abstecher, um Caprili zu sehen, das erste Gut linker Hand, durch den Wald; danach kommen Case Basse und Chiesa di Santa Restituta, deren Weinberge das alte Kirchlein umschließen.

Wieder auf der Hauptstraße passieren Sie die Tenuta Friggiali links. Keine fünf Minuten später kommen Sie an eine T-Kreuzung, an der Sie wiederum nur fünf Minuten von der Stadt weg sind (nennen wir sie den Ausgangspunkt B). Um dorthin zurückzufahren, müssen Sie rechts und bei der nächsten Gelegenheit bald dahinter links abbiegen. Sie können dort auch rechts fahren, ein kurzes Stück nach Süden, bis Sie zu dem großen Weingut und dem dazugehörigen Restaurant Poggio Antico kommen.

Ganz oben: *Verfallende Burg bei Montalcino.*

Oben: *Blitzende Edelstahlbehälter in der Tenuta Col d'Orcia.*

Il Poggione
Tel. 0577/864029
Das A und O von Montalcino. Kraftvolle, komplexe, langlebige Weine. Kellermeister Fabrizio Bindocci, der mit Talenti gearbeitet hat, wacht über Il Poggiones Ruf. Kein Besuch des Gebiets ohne hier zu probieren. Auch Moscadello.

Poggio Antico
Tel. 0577/848044
Großes Weingut, gut gelegener und gepflegter Weinberg. Zurückhaltende, elegante Weine von großem Stil. Das Restaurant des Guts ist genauso edel.

Tenuta Valdicava
Tel. 0577/848261
Neuerungen in Keller und Weinberg haben die Weine völlig verändert; sie sind weich, mit artigem Fruchtcharakter, guter Konzentration und Struktur.

Val di Suga
Tel. 0577/848701
Modernes Gut. Weine von großer Qualität, klassisch im Typ, mit guter Frucht. Kürzlich Besitzwechsel, so daß Veränderungen anstehen könnten.

GIN DRY
RA 3673 D

Grosseto und die Maremma

Wenn Sie Chianti Classico, Montepulciano und Montalcino gesehen haben und meinen, Sie hätten das Beste von der Toskana mitbekommen, steht Ihnen eine Überraschung bevor. Hier gibt es vielleicht noch mehr und noch großartigere Naturschönheiten als vorher.

Es wäre logisch, die Tour südöstlich zum Rand der Toskana fortzusetzen, dann westlich durch die südtoskanischen Weinzonen und schließlich die Küste entlang nach Norden zu fahren. Für diese Route gibt es zwei Möglichkeiten: Sie verlassen Montalcino über Sant'Antimo und fahren auf winzigen, gewundenen Sträßchen vorbei am Monte Amiata nach Acquapendente und zum Bolsena-See, oder Sie kehren um nach San Quirico und nehmen die Via Cassia zu denselben Orten. Die Landschaft ist an den kleineren Straßen ganz wunderbar, und die Strecke zieht sich lange durch rebloses Gelände hin.

Weinorientierter ist es, wenn Sie direkt Grosseto im Südwesten der Region ansteuern und die Stadt als Stützpunkt für Ausflüge in die südtoskanischen Weinzonen nehmen. Verlassen Sie die Zone Montalcino bei Sant'Angelo Scalo, biegen Sie gleich hinter der Orcia rechts ab, und in einer Dreiviertelstunde haben Sie die Stadt erreicht.

ARCIDOSSO UND DER MONTE AMIATA

Dieser zusätzliche Schlenker ist eine gute Kompromißstrecke nach Grosseto. Fahren Sie hinter der Orcia links und nach Arcidosso. Die ersten paar Minuten kommen Sie durch liebliches, offenes Getreideland mit einem waldigen Tal zur Rechten. Auf einmal geraten Sie in eine wilde, dramatische Landschaft mit Steilhängen voll mediterranem Buschwerk. Trotz zahlreicher Abfahrten führt die Straße Sie unweigerlich nach oben; Sie sind an den Ausläufern des Monte Amiata,

Links: *Punta Ala an der Küste von Grosseto. Zwischen der Stadt und den nahen Strandorten Marina di Grosseto und Principine a Mare liegen kühle Pinienwälder, die einen besonderen Reiz ausmachen.*

Rechts: *Die Küche der Maremma entspricht im allgemeinen toskanischem Standard – Käse, duftende* pasta *und köstliche Wildgerichte.*

GROSSETO

HOTELS

Nuovo Grosseto
Tel. 0564/414105
Direkt am Bahnhof. Solides altes Gebäude, unlängst völlig renoviert; mit Charme und Routine geführt. Makellos saubere, schlichte, gemütliche Zimmer.

I Due Pini
Marina di Grosseto, Tel. 0564/34607
Geführt vom ersten Ausbilder von Weinkellnern in Grosseto. Wein spielt in diesem heimeligen Familienhotel mit Garten eine wichtige Rolle spielt.

RESTAURANTS

Il Canto del Gallo
Tel. 0564/414589
Winziges, in die Stadtmauer gebautes Lokal. Speisen nach der Jahreszeit, ungewöhnlich vielfältige Gemüseküche; Fleischliebhaber können Wildschwein u.a. saftige Fleischspeisen bestellen. Gute Auswahl örtlicher Weine.

Buca San Lorenzo
Tel. 0564/25142
Ebenfalls in einer Nische der Stadtmauer, aber größer und eleganter. Auswahl an Fisch- oder Fleischgerichten oder Degustationsmenüs zu unterschiedlichen Preisen.

San Giorgio
Tel. 0564/20168
Gut für schnelle, leichte Mahlzeiten, sogar Pizza (nur abends). Auswahl an *pasta*, Saucen, geschmortem oder gebratenem Fleisch.

Oben: *Das Land in der Maremma wird intensiv bewirtschaftet. An erster Stelle liegt der Weizen, ihm folgen die Olivenbäume, die man vielerorts in dieser Landschaft auf den Hügelkuppen findet.*

der vor Ihnen über 1700 Meter hoch aufragt. Die Ortschaft links auf dem Hügel ist Montegiovi, und wo dann der blaugraue Ton zutage tritt, sind Sie bald schon in Arcidosso. Die Altstadt ist prachtvoll. Folgen Sie an der Stadteinfahrt einer weiten Rechtsbiegung nach Monticello. Die Straße schlängelt sich an einem langen Hügelrücken entlang, wo Sie rechts den Talblick und links den dichten Wald haben.

Zwei Minuten hinter Monticello öffnet sich das Land plötzlich, und bald tauchen Weinberge auf. Die Region ähnelt etwas der Landschaft von Montalcino, und tatsächlich leben hier, in Cinigiano, einige kleine Winzer, die Weine im Montalcinostil herstellen. 15 Minuten weiter überqueren Sie den Ombrone, den größten Fluß der Südtoskana, der südlich an Grosseto vorbeifließt, bevor er ins Meer mündet. Bei der nächsten Gelegenheit links, und Sie sind wieder auf der Straße in die Stadt.

GROSSETO

Grosseto ist eine kleine, schmucke, selbstbewußte Handelsstadt. Sie bietet sich für Einkäufe an, weil praktisch alles im kleinsten Umkreis zu finden ist. Früher lag sie in einem Mauerring, beherrscht von der Medici-Festung. Die Wälle der Stadtmauer sind erhalten und jetzt ein breiter Spazierweg. Der alte Graben ist weitgehend überwachsen, einzelne Abschnitte werden heute als Parkplatz benutzt. (Wie in den meisten italienischen Städten ist das Zentrum eine Fußgängerzone.) Im Mittelpunkt des Geschehens steht wie üblich die Piazza innerhalb der Stadtmauer, wo es einen Dom und den turmgeschmückten Palazzo della Provincia zu besichtigen gibt.

DIE MAREMMA

Der Name Maremma kommt höchstwahrscheinlich von *marittima*, Land am Meer. Er bezeichnet allgemein das Gebiet der Provinz Grosseto, aber mit ziemlich präzisen geographischen Grenzen, die ein kleines Stück der Nachbarprovinz Viterbo (in Latium, nicht in der Toskana) einschließen. Hier ist es wärmer als in der nördlichen Toskana, das Licht hat die Farbe von Gold, die Luft schmeckt würziger.

Die Hügel liegen nie weit entfernt, doch es gibt auch eine breite Küstenebene, die bis zu ihrer Trockenlegung in den 30er Jahren Sumpfland war. Hier zieht sich die Aurelia durch, die SS1, die erste von Mussolini gebaute Staatsstraße (von Rom zur französischen Grenze).

Die hiesigen Langhornrinder sind eine Maremma-Züchtung. Man ist hier stolz darauf, daß sie längere Hörner tragen als die Chianina-Rasse. Nördlich und südlich von Alberese erstreckt sich einer der bedeutendsten italienischen Naturparks, das Vogelschutzgebiet von Orbetello.

FEINKOSTGESCHÄFTE/ENOTECHE

Sie müssen nur die Via San Martino finden, die hinter dem Palazzo della Provincia von der zentralen Piazza abgeht. Es gibt dort mehrere Lebensmittelläden: eine *gastronomia*, einen Metzger, eine *enoteca* u.a. Ein anderer guter Metzger, Leo Chiti, verkauft in der Via dei Barberi zubereitete Fleischwaren wie auch die herkömmlicheren Produkte.

Oben: *Grosseto ist eine saubere, gepflegte Stadt, in der die moderne Entwicklung den alten Stadtkern nicht zerstört hat.*

Unten: *Die Küstenebene der Maremma war einst im Sommer von Mükken verseucht; manchmal herrscht eine unangenehme Feuchtigkeit.*

Morellino di Scansano

Morellino di Scansano ist der wichtigste Wein der Südtoskana. Er soll ursprünglich von den Leuten bereitet worden sein, die im Sommer aus den Maremma-Sümpfen in die Hügel flohen. Scansano war jedenfalls der Sommersitz der Obrigkeit von Grosseto. In Florenz gilt der Wein als schick, und auch in Deutschland verkauft er sich recht gut.

Der Wein

Morellino di Scansano wird aus mindestens 85 Prozent Sangiovese bereitet. Manche verwenden nur Sangiovese, andere geben Canaiolo, Ciliegiolo, Malvasia nera oder am häufigsten Alicante hinzu. Die Alicante-Traube kommt ursprünglich aus Spanien, wo sie Garnacha heißt. Sie wird auch in Frankreich angebaut (dort heißt sie Grenache) und in Sardinien (dort Cannonau). Die sie verwenden, behaupten, daß sie für den typischen Geschmack des Morellino verantwortlich ist: dem Chianti ähnlich, aber ein weicherer, offenerer, leichterer und doch vollerer Stil. Andere führen den Geschmack eher auf das wärmere Klima und die leichteren Böden zurück. Am stolzesten ist man auf den Riserva, der zwei Jahre reift, davon wenigstens eines im Faß. Das Wort Morellino ist die Verkleinerungsform von *morello*. Es könnte sich ebenso auf die Farbe des Weins beziehen wie auf die prächtigen Pferde, *cavalli morelli*, die früher die Kutschen des grossetanischen Adels zogen.

Die Weinberge

Das Gebiet ist recht ausgedehnt und bildet praktisch eine Raute, die wenige Kilometer östlich von Grosseto anfängt und bis Terme di Saturnia im Osten reicht, mit entsprechender Nord-Süd-Distanz. Zu einem Besuch der Zone starten Sie am besten im Süden. Folgen Sie von Grosseto aus der Aurelia etwa 20 Minuten bis Albinia. Dieses erste Stück gibt

MORELLINO DI SCANSANO

RESTAURANTS

Da Sandra
Magliano, Tel. 0564/592196
Herzhafte Kost der Region; so lecker, daß man sich nur schwer zurückhalten kann. Gute Auswahl örtlicher Weine.

Antica Trattoria Aurora
Magliano, Tel. 0564/592030
Spezialität Käse mit unterschiedlichen Beilagen. Breite Palette von *antipasti*. Lange Weinkarte, auch Dessertweine.

Franco e Silvana
Bivio di Montorgiali, Tel. 0564/580214
Einfach und unverändert seit Generationen. Typische Maremma-Kost aus lokalen Zutaten, rustikal, aber gut. Auch Fischgerichte.

Ponte Rotto
Istia Ponte (Istia d'Ombrone)
Tel. 0564/409373
Vielfalt von Fisch und Meeresfrüchten ergänzt die üblichen toskanischen Speisen. Ordentliche gesamtitalienische Weinkarte. Preisgünstig. Tische im Freien neben dem Ombrone.

VERANSTALTUNG

Montorgiali, Fest von San Giorgio – 23. April. Vier Reiter in römischer Tracht ziehen zum Heiligtum des hl. Georg.

SEHENSWÜRDIGKEIT

Olivo della Strega *(Magliano)* – Ältester bekannter Olivenbaum. Sein Alter wird unterschiedlich geschätzt, aber «mehrere Jahrhunderte» ist unumstritten.

Oben: *Die Cantina Sociale di Morellino ist einer von Europas höchstgelegenen Weinkellern (600 Meter).*

Rechts: *Der frische Blumenschmuck vor der etwas mitgenommenen Fassade schafft ein zauberhaftes Flair.*

einen guten Eindruck von der Maremma: weites Flachland, links die Hügel, einige mit Oliven bedeckt, andere jedoch mit Buschwerk.

Die Abfahrt Albinia führt in ein Gebiet, wo Zuckerrüben, Honig- und Wassermelonen sowie andere Früchte und Gemüse angebaut werden. Sie fahren ein paar Minuten, über den Bahnübergang, dann links (Magliano und Scansano ausgeschildert). Eine Weile geht es weiter durch die Maremma-Ebene, dann steigt die Straße an. Hier und da säumen Kastanienbäume, deren Heilkraft viel gepriesen wird, die Straße.

Nach 15 Minuten Steigung sind Sie in Magliano, einem ruhigen Dorf auf einer Höhe von knapp unter 130 Metern, hoch genug für eine hervorragende Aussicht auf den Monte Argentario und die Isola del Giglio. Die Stadtmauer aus dem 15. Jahrhundert ist gut erhalten. Hier beginnt das eigentliche Morellino-Gebiet. Die Straße (Schild nach Pereta) steigt langsam an. Zehn Minuten weiter passieren Sie Mantellassi, und beim Zurückschauen haben Sie einen herrlichen Ausblick auf den Argentario. Nach weiteren zwei Minuten kommen Sie an den Weinbergen von Le Pupille vorbei und dann nach Pereta und Scansano.

Von Scansano aus fahren Sie links, zurück Richtung Grosseto. Kurz darauf geht es an der Cantina Sociale di Morellino vorbei, einer der höchsten Kellereien Europas in einer Höhe von 600 Metern. Die schlingernde Abfahrt geht schneller, vorbei an Pancole und Montorgiali zu den Außenbezirken von Grosseto, womit die Tour in ungefähr zwei Stunden beendet wäre.

Oben: *Das friedliche Dorf Scansano inmitten der steil abfallenden Hügel der Morellino-Landschaft.*

EMPFOHLENE ERZEUGER

Erik Banti
Tel. 0564/602956
Banti ist ein überschwenglicher Protagonist des Morellino. Die vollen, artigen Weine haben viel Persönlichkeit. Banti, der auch Gastwirt ist, macht die Morellino-Lagenweine Aquilaia und Ciabatta und einen Roten aus der Alicante-Traube.

Bargagli
Tel. 0564/599237
Aufstrebendes kleines Weingut, in der Gegend sehr beliebt.

Mantellassi
Tel. 0564/592037
Das älteste Morellino-Weingut (seit 1958). Giuseppe Mantellassi macht alles höchstpersönlich und ist bestrebt, seinen Kunden erstklassigen Service zu bieten. Feste, robuste, stilvolle Weine, darunter 4 Morellino di Scansano.

Le Pupille
Tel. 0564/505129
Die wuchtigsten, schwungvollsten und, sagen viele, höchstklassigen Weine des Gebiets. Sie verdanken viel der Lagerung im Barrique und den Bemühungen des Spitzenberaters Giacomo Tachis. Morellino Riserva ist das Flaggschiff, Saffredi (Cabernet Sauvignon mit Merlot und Alicante) glänzend.

Parrina – Pitigliano

Bei trübem Wetter bietet sich ein Tagesausflug in die Südwestecke der Toskana an. Ein Tag reicht jedoch kaum aus, um die südlichsten Weinzonen der Region zu erkunden: neben dem Weinbau gibt es noch viele andere Attraktionen, darunter die Hügelstädtchen mit ihrem herrlichen Fernblick – Capalbio, Manciano, Pitigliano und Sovana. Wie Sie sich auch entscheiden, zuerst müssen Sie die Aurelia nach Albinia hinunterfahren. Von dort geht es weiter nach Quattre Strada, wo Sie links abbiegen nach Parrina.

PARRINA

Parrina ist eine kleine Zone mit nur einer Kellerei, der Tenuta La Parrina. Die Reben wachsen ein gutes Stück weiter hinten an den Hängen. Allein schon die Aussicht lohnt den Besuch der Weinberge – an schönen Tagen können Sie Elba und bis nach Korsika sehen.

Die Weine sind rot, weiß und *rosato*. Der Rote und der *rosato* werden primär aus Sangiovese bereitet (minimal 70 Prozent), der Weiße aus einem Verschnitt hauptsächlich von Trebbiano mit Chardonnay und/oder Ansonica.

PARRINA – PITIGLIANO

HOTELS

Entlang der Küste gibt es viele Resorthotels. Ansonsten konzentrieren sich die meisten Zimmerangebote und Agriturismo-Betriebe um Saturnia.

Albergo La Stellata
Saturnia, Ortsteil Pian del Bagno
Tel. 05 64/60 29 34
Im Besitz der Terme-di-Saturnia-Gruppe, die hier eine typische toskanische Landhausatmosphäre schaffen will. 14 Zimmer, 5 Minuten vom Thermalbad.

Unten: *Parrina lohnt schon allein wegen seiner Aussicht einen Besuch.*

Acquaviva
Montemerano, Tel. 05 64/60 28 90
Ruhiger, freundlicher Landgasthof an der Straße nach Scansano. Gemütlich, einfach, aber gut ausgestattete Zimmer. Acquaviva ist auch ein Weingut.
Terme de Saturnia (siehe S. 106)

RESTAURANTS

Bacco in Toscana
Porto Ercole, Tel. 05 64/83 30 78
Eines der besten Fischrestaurants am Argentario.
Orlando
Porto Santo Stefano, Tel. 05 64/81 48 85
Überwiegend Fisch. Gemütliche Atmosphäre. Gute Weinkarte.
La Capanna
Via Aurelia, Tel. 05 64/89 01 45
Einfache Kost, aber sie muß gut sein – die LKW-Fahrer essen hier! Probieren Sie *acquacotta* und Wildschwein.
Da Paolino
Manciano, Tel. 05 64/62 93 88
Altes, bekanntes Lokal, eine Art Wahrzeichen. Herzhafte Gerichte der Region.
Passaparola
Montemerano, Tel. 05 64/60 28 27
Wahrhaft traditionelle *trattoria*. Gute örtliche Kost. Passable Weinauswahl. Außerordentlich preisgünstig.
Da Caino
Montemerano, Tel. 05 64/60 28 17
Eines der Spitzenrestaurants Italiens mit einem der Spitzenweinkeller Italiens. Ist sein Geld wert.

ANSONICA COSTA DELL'ARGENTARIO

Dies ist eine ganz neue DOC, obwohl der Wein von der weißen Ansonica-Traube seit vielen Jahren in dem Gebiet gekeltert wird. Rätselhaft ist, wie die Rebe hier hergekommen ist, denn Ansonica (auch Ansonaca, Ansonaco und Anzonica geschrieben) ist eine sizilianische Traube, die dort Inzolia heißt, aber sich sonst auf der Halbinsel nirgends findet. Der Überlieferung nach flohen im 18. Jahrhundert Sizilianer vor den einfallenden Spaniern nach Norden und hatten dabei die Rebe mit an Bord. Einige landeten auf der Isola del Giglio – das Inselchen westlich vom Monte Argentario, wo sie noch immer konzentriert angebaut wird –, bevor sie zum Festland übersetzten. Trotz ihrer Krankheitsanfälligkeit gedieh Ansonica auf dem Kalksteinboden.

Die Weine jedoch fesseln weniger als die Geschichte der Rebsorte. Die meisten Winzer halten starr an «traditionellen» Stilen fest, wonach die Weine dunkel, stämmig, leicht gerbsauer von der Mazeration und ziemlich oxydiert sind. Einige lassen sich mitunter ganz gut trinken, aber im allgemeinen lohnen sie keine Mühe. Praktisch die einzige Firma, die anständigen modernen Ansonica macht, ist die Cantina Sociale di Capalbio, doch selbst deren Zukunft ist ungewiß, da sich der technische Leiter im Herbst 1995 verabschiedet hat.

Enoteca dell'Antico Frantoio
Tel. 0564/602615
Erik Bantis Lokal, folglich gibt es seinen Morellino sowie ein gutes Spektrum der besten italienischen Weine und das Flair seiner besonderen Freundlichkeit. Viele traditionelle Gerichte.

Verdiana
Pomonte bei Saturnia, Tel. 0564/599184
Hübsches Speisezimmer, rein regionale Gerichte und Weine.

Scilla
Sovana, Tel. 0564/616531
Deutliches Schwergewicht auf heimischen Traditionen. Gute Palette toskanischer Weine.

ENOTECA

Rosso e Pasioni
Orbetello, Tel. 0564/868140
Eher ein Weinhaus als eine *enoteca*. Aperitifs; zum Essen *bruschetta* mit den verschiedensten schmackhaften Belägen. Weine aus ganz Italien, auch Flaschenverkauf. Mittwochs geschlossen.

Unten und ganz unten: *Die Isola del Giglio ist das Zentrum der Ansonica-Produktion. Man erreicht sie mit einer Fähre von Porto Santo Stefano aus.*

SEHENSWÜRDIGKEIT

Terme di Saturnia

Tel. 0564/601061

Um das Thermalwasser Saturnias ist ein Luxuskurort mit schönstem italienischen Flair entstanden. Superkomfortables (und entsprechend teures) Hotel. Nehmen Sie eine Tageskarte zum Schnuppern (alle Behandlungen extra). Oder fahren Sie einfach einen Kilometer weiter und baden umsonst in dem heißen, schwefelhaltigen Mineralwasser.

VERANSTALTUNG

Palio Marinaro *(Porto Santo Stefano)* – 15. August: Ruderregatta mit Teams aus den 4 Stadtbezirken, davor ein Umzug in traditionellen Kostümen.

Rechts und unten: *Pitigliano wurde auf einem gelben, vulkanischen Tuffsteinmassiv voller Höhlen errichtet, von denen viele als Keller dienen.*

EMPFOHLENE ERZEUGER

Tenuta La Parrina

Tel. 0564/862636

Trotz der komischen Etiketten und der reißerischen Bezeichnung «Vino Etrusco» ein ernstzunehmender Wein. Besonders der Rote ist einer der lebhaftesten, fruchtigsten, trinkbarsten Weine der Toskana, während der Riserva

Fahren Sie auf der Straße von Parrina zur nächsten größeren Abzweigung und dort links nach Albinia. Dann überqueren Sie die Aurelia und nehmen die nördliche Landbrücke Tombolo della Giannella nach Porto Santo Stefano, einem wohlhabenden Hafenstädtchen (hier starten die Fähren nach Giglio) – ein Ort für Fischgourmets. Fahren Sie um den Monte Argentario herum, das Meer zu Ihrer Rechten. Auf dem Rückweg kommen Sie durch das kleinere, hübschere Porto Ercole und auf der mittleren Landbrücke durch Orbetello.

Wieder auf der Aurelia geht es weiter nach Süden an Ansedonia vorbei, einer etruskischen Stadt, wo noch heute ein alter römischer Kanal zu sehen ist, der gegen die Versandung des Hafens gebaut wurde. Hinter dem Burano-See, einem weiteren Vogelreservat, biegen Sie links nach Capalbio ab. Capalbio ist von einer gut erhaltenen, mit Medici-Wappen geschmückten Mauer aus dem 15. Jahrhundert umschlossen. Fahren Sie von dort nördlich nach Marsiliana, einer kleinen Burg auf einem bewaldeten Bergkegel. Rechts ab Richtung Manciano lassen Sie die Weinzone Ansonica Costa dell'Argentario hinter sich.

BIANCO DI PITIGLIANO

Das Pitigliano-Weingebiet erstreckt sich über die ganze Südostecke der Toskana, und ein zusätzlicher Sporn ragt ins Morellino-Gebiet hinein und beschreibt einen Bogen um Scansano. Sie kommen ein paar Minuten hinter Marsiliana in

das Weinbaugebiet, das ungefähr bei Sgrillozzo liegt (auf dem ersten Sträßchen rechts, das zurück nach Capalbio führt).

Der beste Wein wächst auf Tuffböden. Er wird vor allem aus Trebbiano bereitet (50-80%), mit vielen anderen möglichen Komponenten: Greco, Malvasia bianca, Verdello, Grechetto, Chardonnay, Sauvignon, Pinot bianco und Riesling italico.

Pitigliano selbst ist höchst bemerkenswert. Es steht auf gelbem vulkanischem Tuffgestein voller Höhlen, von denen viele zum Gebrauch als Weinkeller gegraben wurden. Nach einem Bummel durch Pitigliano fahren Sie fünf Minuten weiter nach Sovana, einem weiteren mittelalterlichen Dorf, das ebenfalls auf Vulkanfelsen errichtet worden ist.

Von Sovana aus können Sie umkehren. Oder Sie fahren in ungefähr westlicher Richtung weiter nach Saturnia und von dort nach Montemerano, dem Sitz von Erik Banti. Von hier aus können Sie direkt nach Manciano und über Albinia zurück nach Grosseto gelangen. Andernfalls biegen Sie bei der Einfahrt nach Montemerano rechts nach Scansano ab. Dann können Sie auf einer anderen Route zurück nach Grosseto, nämlich links ab auf einer kleinen Straße nach Montiano (Richtung Fonteblanda) und kurz vor dem Dorf, wo Grosseto ausgeschildert ist, rechts.

Ganz oben: *Katzen werden auch in Italien als Haustiere gehalten, aber viele müssen sich wie diese hier in Pitigliano selbst versorgen.*

Oben: *Auswahl toskanischer Kräuter.*

die Fruchtigkeit behält, aber mehr Gewicht und Langlebigkeit hat. Das Gut umfaßt nahezu 430 ha, 53 ha davon Weinberge; 160 ha sind Buschwald, der Rest ist landwirtschaftliche Nutzfläche. Bienenstöcke, Schafe (für *pecorino*). Agriturismo-Wohnungen.

La Stellata
Manciano, Tel. 05 64/62 01 90
Kleines Weingut, das Lunaia erzeugt, den einzigen Bianco di Pitigliano, der durchweg Beachtung verdient.

Rascioni e Cecconello
Fonteblada
Diese Kellerei hat aus der zumeist gering geachteten Sorte Ciliegiolo mit ihrem Poggio Ciliegia ein Wunder vollbracht. Macht auch Poggio Capitana.

MASSA MARITTIMA

RESTAURANTS

Da Nada
Roccatederighi, Tel. 05 64/56 72 26
Wohlschmeckende traditionelle Gerichte. Probieren Sie die Weine von Meleta.

Vecchia Hosteria
Gavorranno, Tel. 05 66/84 49 80
Trattoria mit einheimischen Speisen und passabler Auswahl toskanischer Weine.

Balbo
Scarlino, Tel. 05 66/3 72 04
Großes, vor allem von Einheimischen gut besuchtes Lokal. Ordentliche Palette toskanischer Weine.

San Leopoldo
Follonica, Tel. 05 66/4 06 45
Leichte, schmackhafte Speisen über die ganze Bandbreite. Durchschnittsweine.

Ganz oben: *Entspanntes Leben in Massa Marittima.*

Oben: *Direkt beim Parkplatz am Ortseingang von Massa Marittima zeigt eine elegante Tafel den Grundriß dieser mittelalterlichen Stadt.*

Rechts: *Bei schönem Wetter setzen sich die Alten in den südlichen toskanischen Dörfern auf einen Stuhl vor dem Haus und beobachten das Treiben um sie herum.*

Monteregio di Massa Marittima

Die meisten Weine aus dem Gebiet nördlich von Grosseto hat man in der noch gar nicht so alten DOC Monteregio di Massa Marittima zusammengefaßt. Sie beinhaltet rote, weiße und *Rosato*-Weine, darunter einen roten Riserva, roten und weißen Vin Santo, einen *vino novello* und einen Weißen, der praktisch ausschließlich aus Vermentino besteht. Ansonsten bestehen die Weißen aus Trebbiano, verschnitten mit Malvasia, Ansonica, Vermentino und anderen, oder einer Mischung derselben, die Roten und *rosato* hauptsächlich aus Sangiovese. Das Gebiet umfaßt einen Großteil des Hügellands nördlich der Stadt und erstreckt sich von Roccastrada im Osten fast bis zur Küste. Weinberge kommen verstreut vor, doch es ist ein Mischanbaugebiet, in dem, wie überhaupt in der Provinz, die Oliven dominieren.

Öl, Wein und Landschaft

Fahren Sie von Grosseto nach Norden. Die «alte» Aurelia, die parallel zur «neuen» verläuft, ist ein bißchen langsamer, aber die verschiedenen Stationen sind besser zu erreichen. Es lohnt sich, erst links nach Vetulonia abzuzweigen, früher eine der bedeutendsten Etruskerstädte mit einer großen Nekropole, dann rechts nach Montepescali, einem bezaubernden mittelalterlichen Hügeldörfchen. Von der Straße aus können Sie auch rechter Hand ConViMar sehen, die größte Weinabfüllanlage der Toskana, und OlMa, die größte, modernste genossenschaftliche Kaltpresserei von Olivenöl.

Biegen Sie gleich hinter Montepescali rechts nach Montemassi ab. Nach fünf bis zehn Minuten gerader Strecke über flaches Land können Sie entweder rechts Richtung Roccastrada fahren, empor durch mediterranen Buschwald und Korkeichen und vorbei an Poggio Oliveto bei Venturi, oder links über Meleta (Ort sowie Weingut) nach Montemassi und Roccatederighi, dann rechts nach Roccastrada. Mit 475 Metern Höhe ist das ein großartiger Aussichtspunkt. Auf dem Rückweg nach unten (Grosseto ausgeschildert) biegen Sie direkt bei Montepescali rechts Richtung Follonica auf die alte Aurelia (Schild nach Castiglione della Pescaia).

Sie könnten sich noch Richtung Grilli den Frantoio San Luigi ansehen. Andernfalls passieren Sie Gavorrano, ein weiteres Hügelstädtchen zur Linken, fahren am zweiten Schild nach Bagno di Gavorrano links und dann geradeaus Richtung Scarlino. Die Abzweigung nach Scarlino führt in Serpentinen hinauf zum Dorf, das einen wunderbaren Blick über die Pinien bis zum Meer bietet. Geradeaus links

kommt Il Pupillo. Fahren Sie rechts, zurück über die Aurelia hinweg nach Cura Nova. Gleich rechts liegt das große Weingut Morisfarms. Geradeaus erreichen Sie dann schließlich Massa Marittima.

Massa Marittima

Dieser phantastische Ort aus dem 10. Jahrhundert, 380 Meter über dem Meer und planvoll angelegt, hieß früher Massa Metallorum und war das wohlhabende Zentrum eines Bergbaugebiets, in dem Silber, Kupfer und andere Metalle abgebaut wurden. Es trägt heute den Namen «Marittima» zur Unterscheidung von Massa bei Carrara und zeichnet sich vor allem durch die große Piazza aus, um die herum alle gemeindlichen und kirchlichen Gebäude stehen. Neben dem Dom hat Morisfarms einen wunderbaren alten Weinkeller, der in das mürbe Gestein des Massivs gehauen wurde. Er ist täglich außer mittwochs geöffnet, und man kann dort neben Wein auch andere landwirtschaftliche Erzeugnisse und Tonwaren kaufen.

Santarino
Follonica, Tel. 0566/41665
Auf Fisch spezialisierte *trattoria* am vollsten Teil der Küste, bei den Einheimischen beliebt. Ehrlicher Hauswein.

Bracali
Ortsteil Ghirlanda, Tel. 0566/902318
Das nobelste Restaurant der Gegend. Traditionelle Grundlage, aber individuelle Extras und überlegte Geschmackskompositionen. Breites Angebot.

Da Tronca
Tel. 0566/901991
Freundliches Lokal. Regionale Gerichte und andere Speisen. Große Weinauswahl. Preiswert.

BADEORTE AN DER KÜSTE

Castiglione della Pescaia – Wichtiger Fischerhafen. Schöner Sandstrand. Oberhalb liegt ein mittelalterliches Dorf.
Punta Ala – Erstklassige Strand- und Badebedingungen.
Cala Violino – Stille Bucht.
Follonica – Großer Badeort mit herrlichem weißem Sandstrand.

OLIVENÖLERZEUGER

Poggio Oliveto
Tel. 0564/577257
Valeria Cittadinis Leidenschaft ist gutes Olivenöl. Keine Mühe wird gescheut, kein Detail ignoriert, damit es makellos wird. Der *frantoio* ist streng traditionell; nichts was das Leben erleichtern, aber die Qualität beeinträchtigen könnte, wird geduldet. Das Öl ist hervorragend.

Frantoio San Luigi
Tel. 0566/81790
Eine neue Kaltpresserei für Olivenöl, doch werden traditionelle Granitmühlräder und vertikale Pressen eingesetzt. Auf Besucher eingerichtet. Für Imbisse und Mahlzeiten kann gesorgt werden.

EMPFOHLENE ERZEUGER

Meleta
Tel. 0564/567155
Einige der hochklassigsten Weine der Gegend: Rosso della Rocca (Cabernet Sauvignon und Sangiovese) Bianco della Rocca (Chardonnay), Pietrello und Pietrello d'Oro (Sangiovese).

Il Pupillo
Tel. 0566/37230
Weinkeller aus dem 18. Jahrhundert und breite Palette von Sortenweinen, darunter Pinot bianco und grigio, Vernaccia. Alle sorgsam und gekonnt bereitet von Laura Benelli und ihrem Mann.

Morisfarms
Tel. 0566/918091
Führender Erzeuger in der Gegend. Allein der herrliche Blick von der Terrasse des Guts lohnt den Besuch.

VAL DI CORNIA UND ELBA

HOTELS

Die meisten Hotels liegen an der Küste. Viele sind im Winter geschlossen und im Sommer ausgebucht; planen Sie deshalb weit voraus. Oder steigen Sie in Volterra ab. Einige Weingüter in Val di Cornia bieten Agriturismo-Wohnungen.

RESTAURANTS

Enoteca Pizzica
Campiglia Marittima, Tel. 05 65/83 83 83
Trotz des Namens ein richtiges Restaurant. Verschiedenartige Speisen im lokalen Stil. Auswahl toskanischer Weine. Große Terrasse mit Panoramablick zum Essen im Freien.

Otello
Venturina, Tel. 05 65/85 12 12
Einfache *trattoria*. Auswahl an Fleisch- und Fischgerichten, anständige Weinkarte. Sehr preisgünstig.

Summertime
Elba, Capoliveri, Tel. 05 65/93 51 80
Die Besitzer lebten eine Zeitlang in New York, daher der ungewöhnliche Name. Hauptsächlich Fisch. Bessere Auswahl und Atmosphäre im Sommer. Gutes Weinsortiment, doch meist Rote.

Le Palme
Elba, Bagnaia di Portoferraio Tel. 05 65/96 10 96
Frisch gefangener, herrlich schmeckender Fisch, im schönen Garten serviert. Preisgünstig.

Val di Cornia

Die meisten Weingüter im Val di Cornia ballen sich um das Zentrum Suvereto herum. Reben wachsen auf den ganz niedrigen, sanften Hängen nur einen Steinwurf oberhalb des recht reizlosen, breiten Cornia-Tals. Die Seebrisen, die durch das Tal wehen, belüften die Weingärten und mildern das Klima. Die meisten Reben sind niedrig erzogen und stark beschnitten, und viele wachsen weiter vom Fluß entfernt in höheren Lagen.

Die Roten werden, wie die meisten in der Südtoskana, überwiegend aus Sangiovese gemacht, und es gibt auch einen Riserva. Manche Winzer geben Canaiolo, Ciliegiolo, Cabernet Sauvignon oder Merlot hinzu. Die Weißen basieren wie üblich auf Trebbiano toscano. Manchmal kommen 15 bis 30 Prozent Vermentino hinzu; unter den anderen Sorten sind Pinot bianco, Pinot grigio, Clairette und der hier heimische Biancone (auch auf Elba und Korsika anzutreffen), ferner die üblicheren Malvasia und Ansonica. Einige Winzer stellen auch einen *rosato* her (aus Sangiovese).

Sie können direkt auf der Aurelia in das Weingebiet fahren und sich dann landeinwärts wenden. Doch wenn Ihre letzte Station Massa Marittima war, gibt es eine entzückende Route durch abwechslungsreiches Gelände, die eine halbe Stunde reine Freude bedeutet. Folgen Sie von Massa Marittima aus der Beschilderung Richtung Siena. Im Tal angekommen, scheinen Sie zwischen zwei fast parallelen Straßen vor sich wählen zu können. Doch links ist

Oben: *An einem ruhigen, schattigen Plätzchen werden die wichtigen Dinge des Lebens zu besprochen.*

Rechts: *Das Val di Cornia.*

Rechts oben: *Im Val di Cornia gedeihen Wein, Oliven und Weizen.*

Ganz rechts: *Sommer auf Elba: es gibt Tomaten in allen Variationen.*

eine Werkstatt und gleich daneben ein winziges, einspuriges Sträßchen, das Ihnen beinahe eine Kehrtwendung abverlangt. Ein kleines, fast unleserliches gelbes Schild bestätigt, daß dies der Weg nach Suvereto ist. Es kommen kleine Parzellen mit intensivem Mischbau und waldige Hänge wie auch zahlreiche große, gesunde Korkeichen. Die kurvenreiche Straße führt durch Montebamboli. Wo sie gerader wird, kommt eine Kreuzung. Fahren Sie geradeaus nach San Lorenzo, wo Sie auf die dichteste Konzentration gut gepflegter Weingärten mit niedrig erzogenen Reben seit Montalcino treffen. Es gibt von hier aus einen Weg querfeldein nach Suvereto, aber er ist extrem schwer zu finden – kaum mehr als eine ausgefahrene Piste – und führt durch ein paar Zuflüsse der Cornia (die im Sommer aus-

Da Luciano
Elba, Portoferraio, Ortsteil Scaglieri della Biodola, Tel. 0565/969952
Mehr als anständiges Restaurant; riesige Terrasse mit Meerblick. Überwiegend Fischgerichte.

Rendez Vous
Elba, Marciana Marina, Tel. 0565/99251
Guter Ruf von jeher. Typische Elba-Küche. Gute Weinkarte.

Publius
Elba, Poggio di Marciana, Tel. 0565/99208
Es kommt einem schändlich vor, auf Elba nicht an der Küste zu essen, aber wenn Sie Elbas beste Weinkarte suchen, finden Sie sie hier. Auswahl von exzellent zubereiteten Gerichten. Preisgünstig. Tische im Freien.

FEINKOSTGESCHÄFT

Markthalle *(Portoferraio, Via delle Galeazze)* – Umschauen lohnt sich, vor allem wegen des Fischangebots.

EMPFOHLENE ERZEUGER

Acquabona
Elba, Portoferraio, Ortsteil Acquabona Tel. 0565/933013
Das führende traditionelle Weingut auf Elba. Große Vielfalt von Rebsorten. Gute Weine, besonders Aleatico.

Ambrosini
Suvereto, Ortsteil Tabarò Tel. 0565/829301
Einzige Versuchsrebfläche im Val di Cornia. Riflesso Antico Rosso aus Montepulciano d'Abruzzo (ostitalienische Rebsorte, kein Zusammenhang mit der toskanischen Stadt). Ansonsten zwei Verkaufsreihen, rot wie weiß: Ambrosini und Tabarò (leichter im Stil). Auch Olivenöl und Grappa.

Iacopo Banti
Campiglia Marittima, Tel. 0565/838802
5 km vom Meer, mit Blick über Populonia und Elba. Eines der bestgelegenen Güter des Val di Cornia. Hart arbeitender Familienbetrieb, merklich bemüht,

Rechts: *Portoferraio, Elba.*

Unten: *Ein Moment der Ruhe auf dem Fischmarkt in Castiglione della Pescaia.*

die Qualität und den Stil zu heben. Große Olivenhaine, eigener *frantoio*. Öl mit Zitronenaroma sowie Grappa.

Bulichella
Suvereto, Ortsteil Bulichella
Tel. 0565/829892
Biologisch bewirtschaftet, auch Öl und andere landwirtschaftliche Produkte – erhältlich im Laden «Il Bucchero» in der Via Magenta in Suvereto, wo es auch ein kleines Zimmer für Weinproben gibt. Agriturismo-Betten. Mahlzeiten.

La Chiusa
Elba, Portoferraio, Ortsteil Magazzini
Tel. 0565/933046
Alteingesessenes Weingut mit weitem Meerblick von den Hügellagen. Konzentration auf liebliche und *Passito*-Weine, allen voran der Aleatico.

Gualdo del Re
Suvereto, Ortsteil Notri
Tel. 0565/829888
Im Besitz der Familie Rossi. Reben stark beschnitten und dicht gepflanzt; renovierte Produktionsanlagen. Die Weine haben faszinierende Aromen und eine wohlausgewogene Fruchtigkeit. Erzeugt auch Vigna Valentina (Vermentino), einen Pinot bianco sowie Gualdo del Re (Sangiovese, im Barrique gereift). Auch Olivenöl und Grappa.

Tua Rita
Suvereto, Ortsteil Notri, Tel. 0565/494971
Kleines Weingut, erst vor wenigen Jahren gegründet. Stark beschnittene, dicht gepflanzte, niedrige Reben geben konzentrierte, volle Weine, die bereits Wellen schlagen. Giusto di Notri (Cabernet und Merlot), Perlato del Bosco (Sangiovese, von alten Reben in ausgezeichneter Lage, auch eine weiße Version), Sileno (Riesling, Chardonnay und Traminer). Auch Olivenöl und Grappa.

getrocknet sein können), so daß Sie wahrscheinlich besser kehrtmachen. Wieder an der Kreuzung, zweigen Sie links nach Suvereto ab und kommen durch ein weiteres intensiv bewirtschaftetes Stück Rebland, bevor Sie zur Stadt selbst emporsteigen.

Suveretos Straßen bilden an dem Hang eine Staffel konzentrischer Halbkreise, die von steilen Queren gekreuzt werden. In dem ungewöhnlich reizvollen Ortsbild verbinden sich romanische und andere mittelalterliche Gebäude mit neueren Marmorfassaden. Die Schilder nach «Belvedere» führen zu einem Dorf zehn Minuten oberhalb von Suvereto. Von Suvereto aus kommen Sie entweder auf einem Schlängelsträßchen Richtung Sassetta geradewegs ins Bolgheri-Gebiet oder an Campiglia Marittima und Venturina vorbei hinunter nach Piombino.

PIOMBINO

Piombino ist eine Industriestadt, deren Luft von Eisenhütten verschmutzt wird, aber sie hat einen einigermaßen erhaltenen Stadtkern. Leider müssen Sie sich durch den Verkehr und den Smog quälen, wenn Sie eine Fähre nach Elba nehmen wollen (sofern Sie nicht von Livorno aus fahren). Die Schwaden der Stadt wehen auch hinüber bis zu dem etruskischen Wunder von Populonia.

Mit Schildern zu dieser antiken Stadt ist es teils schlecht bestellt, darum folgen Sie denen nach San Vincenzo, bis es linker Hand nach Populonia geht. Nach ein paar Minuten

kommen Sie zu einer großen Nekropole mit unterschiedlichen Gräbern jeder Epoche. Ein Wächter (der nur Italienisch spricht) läßt Sie auf das Gelände. Die Straße führt durch Wald empor an der Küste entlang. In einen Felsen ist ein antiker Kopf gehauen. Das etruskische Populonia war – wie heute Piombino – ein Zentrum der Eisenverhüttung. Das wichtigste Bauwerk des heutigen Ortes ist die friedliche, klotzige Medici-Burg mit runden Türmen. Die herrliche Küste ist weithin bekannt.

ELBA

Elba besucht man am besten außerhalb der Saison. Die Tausende von Autos, die im Sommer übersetzen, können auf den schmalen, kurvigen Sträßchen entnervende Staus verursachen.

Die Insel ist reich an Mineralien – zumeist Eisenerze oder Halbedelsteine. Wenn Sie also Lust auf etwas Aktiveres als Sonnenbaden haben (die meisten Strände sind felsig), können Sie auf Schatzsuche gehen. Auch den Weinen wird ein mineralischer Beigeschmack nachgesagt, aber er ist nicht ausgeprägt. Die meisten sind leicht und auf durstige Urlauber abgestimmt, die praktisch die gesamte Produktion trinken. Die Roten bestehen hauptsächlich aus Sangiovese, die Weißen basieren auf Trebbiano, obwohl es auch etwas weißen Ansonica gibt (mit einer süßen *Passito*-Version), ein wenig Vin Santo, etwas Schaumwein und einen süßen Roten aus der Aleatico-Traube.

Ganz oben: *Palmen in einem Weingarten, wie hier in Elba, sind ein seltener Anblick.*

Oben: *Trotz all der Häßlichkeit von Piombino findet man auch hübsche Flecken.*

Bolgheri

Die Weine

Allein der Gedanke an das Bolgheri-Gebiet reicht aus, um wahre Freunde des italienischen Weines wonnig erschauern zu lassen. Dies ist die Heimat von Sassicaia, dem Weingut, das fast ganz allein eine zweifelnde Welt davon überzeugte, daß Italien Weine der Spitzenklasse produzieren kann. Enttäuschenderweise jedoch gehören Sassicaia und sein Rivale, das beinahe ebenso berühmte Ornellaia, zu den ganz wenigen Weingütern in Italien, wo Besucher nicht gern gesehen sind.

Das Bolgheri-Gebiet sieht merkwürdigerweise gar nicht nach einer Weinzone aus. Es ist größtenteils flach und meernah gelegen, wenn auch dahinter Hügel ansteigen. Der vorherrschende schwere Tonboden taugt von Natur besser zum Oliven- oder Obstbau. Die Reben hat man auf steinigeren Böden gepflanzt, wo die Entwässerung besser ist. In mancher Hinsicht besteht eine Ähnlichkeit zu Bordeaux, – der Marchese Niccolò Incisa della Rochetta von Sassicaia kreierte den Wein aus seiner großen Bewunderung für die prächtigen Bordeleser Châteaux heraus.

Die DOC von Bolgheri wurde so festgelegt, daß Outsider wie Sassicaia mit ins System paßten. Ihre Ertragskontrollen sind strenger als die meisten anderen; mit den Rebsorten ist man weniger genau. Bolgheri Rosso kann bis zu

Rechts: *Die Weinkeller von Sassicaia liegen am Ende der 5 km langen Strada dei Cipressi. Die 1801 gepflanzte Zypressenallee wurde von Carducci in einem bekannten Gedicht verewigt, das jedes italienische Schulkind lernt.*

Unten: *Die Trauben von Bolgheri werden strengen Kontrollen unterzogen: man überprüft das Gewicht des Hektarertrags, die Anzahl der Rebstöcke pro Hektar, das Lesegewicht pro Rebstock und die Menge des Traubensaftes.*

Bolgheri

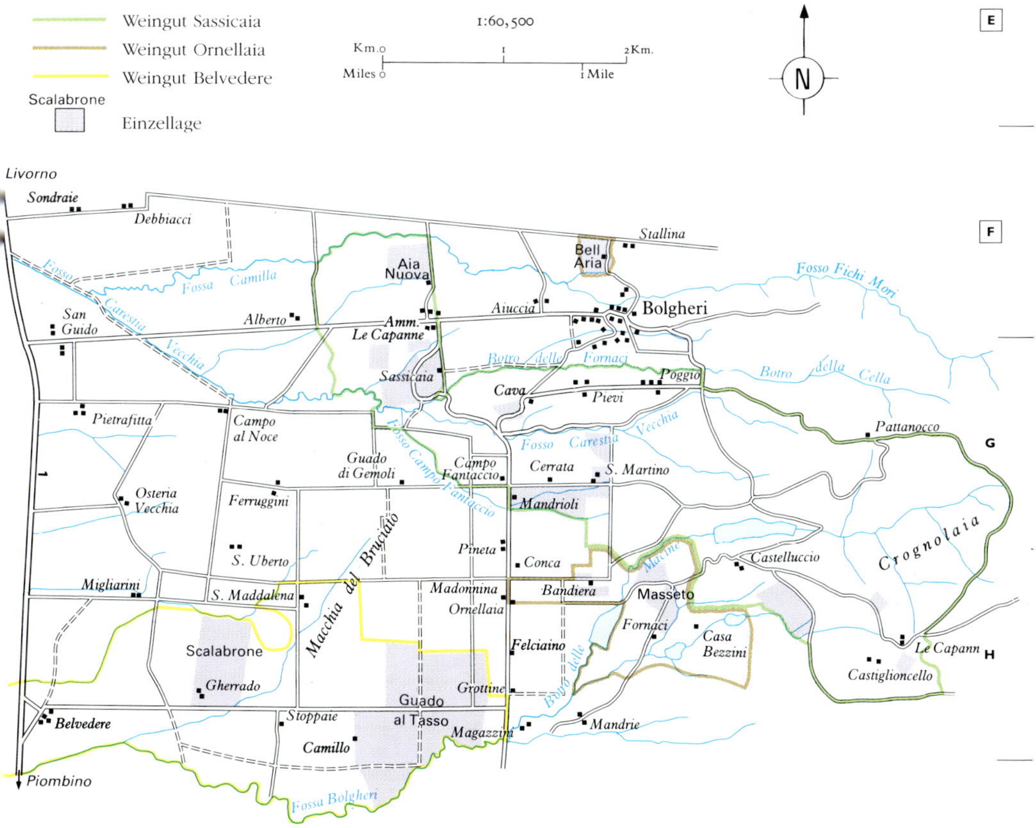
Weingut Sassicaia
Weingut Ornellaia
Weingut Belvedere
Scalabrone
Einzellage
1:60,500
Km. 0
1
2 Km.
Miles 0
1 Mile
N
Livorno
Sondraie
Debbiacci
Stallina
Bell Aria
Fosso Fichi Mori
Fosso Camilla
Fosso Carestia Vecchia
Aia Nuova
San Guido
Alberto
Amm.
Le Capanne
Aiuccia
Bolgheri
Botro delle Fornaci
Botro della Cella
Sassicaia
Cava
Pievi
Poggio
Pattanocco
Pietrafitta
Campo al Noce
Guado di Gemoli
Campo Fantaccio
Cerrata
S. Martino
Fosso Carestia Vecchia
Fosso Campo Fantaccio
Osteria Vecchia
Ferruggini
Mandrioli
Macchia del Bruciato
Pineta
Conca
Crognolaia
S. Uberto
Castelluccio
Migliarini
S. Maddalena
Madonnina
Ornellaia
Bandiera
Masseto
Macine
Fornaci
Casa Bezzini
Scalabrone
Felciaino
Botro delle
Le Capanne
Castiglioncello
Gherrado
Grottine
Guado al Tasso
Belvedere
Stoppaie
Magazzini
Mandrie
Camillo
Piombino
Fossa Bolgheri

Rechts: *Das mittelalterliche Bolgheri.*

Ganz rechts: *Ein Weinbergarbeiter bei der Reberziehung in den genauestens kontrollierten Weinbergen von Bolgheri.*

BOLGHERI

RESTAURANTS

Gambero Rosso
San Vincenzo, Tel. 05 65/70 10 21
Eines der Spitzenrestaurants Italiens. Es ist bekannt für sein Kichererbsenmus mit Riesengamelen; schwarze *ravioli* mit Fischfüllung; gebratene Taube an Salat; *crème brûlée*. Laufend neue Gerichte. Vorzügliche Weinkarte. Nicht billig. Unbedingt Tisch reservieren lassen.

Il Bambolo
Castagneto Carducci, Tel. 05 65/77 50 55
Von Einheimischen gern besucht. Auswahl von Fleisch- und Fischspeisen, solide und zuverlässig. Anständige Weinkarte.

Da Ugo
Castagneto Carducci, Tel. 05 65/76 37 46
Alteingesessenes Restaurant. Rein traditionelle Kost, im Sommer bereichert durch Fisch. Bestellen Sie zum Hauptgericht Gemüse, um das köstliche Olivenöl aus einheimischer Produktion zu schmecken. Ordentliche Karte örtlicher u.a. toskanischer Weine. Preisgünstig.

Da Zi' Martino
Castagneto Carducci, Ortsteil San Giusto Tel. 05 65/76 36 66
Sehr beliebte *trattoria*. Zum Standardangebot gehören Suppen, Perlhühner und Kaninchen. Gutes einfaches Essen, hervorragend zubereitet – und billig.

ENOTECHE

San Vincenzo
Gegenüber von Gambero Rosso. Hier kann man erlesene Weine mit einem Happen zum Essen zu unglaublich günstigen Preisen trinken.

Enoteca Alimentari Tognoni
Weine aus Bolgheri und Chianti, dazu eine Kleinigkeit zum Essen.

In Bolgheri wie in Castagneto Carducci gibt es Weinhandlungen mit einer breiten Palette von Bolgheri-Weinen auf Lager.

EMPFOHLENE ERZEUGER

Sassicaia/Tenuta San Guido
Die Reben, überwiegend Cabernet Sauvignon, kamen in den 40er Jahren vom Château Lafite, und die Weine, die manche für die besten Italiens halten, sind wuchtig und äußerst langlebig. Entsprechend auch die Preise.

Tenuta dell'Ornellaia
Weine weitgehend aus Cabernet Sauvignon, mit Merlot und Cabernet Franc. Der mächtige Masseto (Merlot) und die Weißen werden überschwenglich gepriesen.

70 Prozent Sangiovese, 70 Prozent Merlot oder 80 Prozent Cabernet Sauvignon enthalten, was eine Vielfalt von Stilen zuläßt – ein Trend, den manche auch in anderen Gebieten gern nachgeahmt sähen. Bolgheri Bianco besteht hauptsächlich aus Trebbiano, Vermentino oder Sauvignon.

Die Weinberge

Fahren Sie von Populonia aus nördlich die Küste entlang nach San Vincenzo, einem größeren Badeort mit einem langen, aber ziemlich schmalen Strand. Nehmen Sie hier die (alte oder neue) Aurelia nach Donoratico. Folgen Sie der Beschilderung nach Castagneto Carducci, dann nach Bolgheri. Sobald Sie die Aurelia verlassen, sind Sie in der Zone Bolgheri und kommen fast sofort am Weingut von Michele Satta vorbei. Biegen Sie links ab Richtung Bolgheri. Oben rechts liegen die Weingärten des hochangesehenen Guts Grattamacco. Ein Stück weiter links, 100 bis 200 Meter von der Straße entfernt, kommt die Lage Guado al Tasso von Piero Antinoris Tenuta Belvedere. Fahren Sie langsam, und halten Sie rechts Ausschau: nach ungefähr fünf Minuten taucht der elegante Eingang von Ornellaia

Rechts: *Bolgheri kann man in gewisser Weise mit Bordeaux vergleichen – der Marchese della Rocchetta hat den Sassicaia nicht zuletzt aus seiner Bewunderung für die Bordeaux-Châteaux heraus kreiiert.*

auf, eine lange, imposante Auffahrt hinter fest verschlossenen Toren. Gegenüber ist Le Macchiole, Contessine ausgeschildert. Bald hinter Ornellaia kommt rechts ein gepflegter Weingarten, er gehört zu Sassicaia. Die schnurgerade Straße wird jetzt kurvig: wo sie wieder gerade wird, kommt eine weitere Sassicaia-Lage, diesmal zur Linken.

Die Straße kreuzt nun eine andere, die vom Meer zum Dorf Bolgheri führt. Sie ist auf knapp fünf Kilometern von Zypressen gesäumt. Wenn Sie links auf diese Allee abzweigen, sehen Sie Sassicaias Produktionsanlagen, ein unmarkiertes, großes rosa Gebäude zur Linken, kurz bevor die Straße auf die Aurelia trifft. Fahren Sie zurück und kurz vor dem mittelalterlichen Dorf Bolgheri links ab nach Bibbona. Nun geht es ins mittelalterliche Bibbona hinein und weiter nach Casale Marittima in der Zone Montescudaio.

Grattamacco
Tel. 0565/763840
Sassicaia und Ornellaia nicht ganz ebenbürtig, aber die Weine sind zugänglicher und erschwinglicher. Olivenöl.

Tenuta Belvedere
Tel. 0565/749735
Großes Weingut, Besitzer Piero Antinori. Das Cabernet-Flaggschiff ist Guado al Tasso, der fast Sassicaia-Klasse hat.

Le Macchiole
Tel. 0565/777725
In unmittelbarer Nähe der Spitzenlagen Bolgheris bereitet Eugenio Campolmi den vorzüglichen Cabernet Paleo Rosso.

Michele Satta
Tel. 0565/763483
Das einzige Weingut, das treu zu Sangiovese steht, z.B. Vigna del Cavaliere.

MONTESCUDAIO UND VOLTERRA

HOTELS

Etruria
Tel. 0588/87377
Albergo Villa Nencini
Tel. 0588/86386
In einem Haus aus dem 16. Jahrhundert, gleich am Stadtrand, mit Swimmingpool.
SCAP Cooperative
Häuservermietung.

RESTAURANTS

Il Frantoio
Montescudaio, Tel. 0586/650381
Sehr bekannt. Gutes preiswertes Essen. Gute Weine.

Montescudaio und Volterra

Montescudaio

Die Weinberge von Montescudaio liegen dicht beieinander an der Cecina und um die Dörfer Casale Marittima, Guardistallo und Montescudaio herum. Einen guten Eindruck von dem Gebiet erhalten Sie, wenn Sie die Dörfer nacheinander abfahren und dann nach Westen durch die Hügel zur Ortschaft Cecina hinunterstoßen. Folgen Sie von Cecina aus den Schildern nach Volterra. Die Route bietet viele Höhepunkte: mittelalterliche Dörfer, wilde Natur und Weinberge.

Die Rotweine basieren wie üblich auf Sangiovese, die Weißweine auf Trebbiano; in die Roten kommen weiße Trauben, die eine frische, leichte Note ergeben.

Auf dem Weg durchs Tal begegnen Ihnen eigentümliche kahle Stellen mit blaugrauem Ton. Das sind die ersten Zeichen der «Mondlandschaft», die Volterra umgibt. Fahren Sie ein Stück weit die Abzweigung nach

Links. *Bündel von frischem Spargel auf einem örtlichen Marktstand.*

Rechts, ganz links und unten: *Es ist fast unmöglich, von Volterra nicht fasziniert zu sein. Von seinen Mauern hat man überwältigende Ausblicke in die Umgebung.*

Guardistallo. Beim Aufstieg in die Hügel sehen Sie links in der Ferne Volterra liegen. Kehren Sie um, und das großartige Panorama des Cecina-Tals entbreitet sich vor Ihnen.

Bei der Weiterfahrt den Fluß entlang werden die Weinberge immer rarer. In der Talsohle baut man überwiegend Sonnenblumen an, auf den Hügeln Weizen. Die Straße überquert den Fluß und steigt jetzt zur Stadt hin an. Sie kommen durch Saline di Volterra, den Standort der alten Salzminen, die den Reichtum der Medici begründeten.

Volterra

Volterra in fast 550 Metern Höhe blickt auf 3000 Jahre Geschichte zurück. Es war die Hauptstadt der Etrusker, dann eine römische Stadt. Auch die alte Stadtmauer steht in großen Teilen noch, ebenso ein wuchtiges etruskisches Tor, die Porta all'Arco. Autofahren ist in Volterra zum Glück verboten. Seine gut erhaltenen schmalen Gassen sind eine Freude für jeden Fußgänger: überwiegend mittelalterlich, aber mit vielen etruskischen und römischen Überresten. Alabaster wurde hier schon – wie heute immer noch – von den Etruskern abgebaut und bearbeitet.

Von Volterra aus orientieren Sie sich nach Montecatini Val di Cecina. Auf dem Weg durch die wunderschönen steilen Hügel fällt Ihnen vielleicht linker Hand etwas auf, was wie Rauchwolken aussieht. Daran erkennen Sie die geothermischen Generatoren, die aus den vulkanischen heißen Quellen Strom gewinnen. Nach einer Weile führt die Straße an der Grenze von Montescudaio entlang. Falls Sie nicht nach Montecatini (dem Sitz von Sorbaiano) wollen, folgen Sie ihr rechts nach Pontedera. Bald schon befinden Sie sich in den Hügeln des Era-Tals.

Da Badò
Volterra, Tel. 0588/86477
Trattoria, Familienbetrieb. Begrenzte Auswahl, aber hochwertige Zutaten.

FEINKOSTGESCHÄFTE

Panificio La Scalinata
Montescudaio, Via San Sebastiano 2
Traditionelle alte Bäckerei, noch mit Originalholzofen. Phantastisches Brot.

Frantoio I Massi
Guardistallo, Ortsteil I Massi
Kaltgepreßtes, biologisches Olivenöl.

Isiano Baroncini
Volterra, Via Ricciarelli 35
Spitzen-Chianina-Rindfleisch.

VERANSTALTUNGEN

Polenta-Fest *(Guardistallo)* – 2. Sonntag im Oktober.

Weinfest *(Montescudaio)* – 1. Sonntag im Oktober.

EMPFOHLENE ERZEUGER

Fattoria Sorbaiano
Tel. 0588/30243
Individuelles Mikroklima: warme Tage und kühle Nächte. Montescudaio Rosso und Bianco sind beide fruchtig und sehr trinkbar, der weiße Lucestraia und der Rosso delle Miniere intensiver und komplexer. Auch Olivenöl. Agriturismo-Betten.

Poggio Gagliardo
Bei Cecina, gleich östlich der Superstrada. Tel. 0586/630661
Eines der größten Güter der Gegend. Komplexe, aromatische Rot- und Weißweine mit vorzüglicher Struktur, Ausgewogenheit und Rundheit.

PISA-REGION

RESTAURANTS

Cantina Nardi
Livorno, Tel. 0586/808006
Alles vom schnellen Imbiß bis zur vollen Mahlzeit, mit Fisch oder Fleisch. Volle Weinregale. Nur Mittagstisch, aber bis zur Aperitifzeit geöffnet. Nicht teuer.

La Chiave
Livorno, Tel. 0586/888609
Ruhiges, extrem nobles Restaurant. Frischer, mit Finesse zubereiteter Fisch. Gute Weinauswahl. Recht teuer.

Enoteca DOC
Livorno, Tel. 0586/887583
Riesenangebot von Weinen aus jeder Ecke der Toskana und der ganzen Welt. Speisekarte, die von *bruschetta* bis zur Mahlzeit mit 4 Gängen alles bietet.

La Grotta
Pisa, Tel. 050/578105
Gute Weinkarte mit täglicher Spezialauswahl von wenig bekannten Kellereien.

Kostas
Pisa, Tel. 050/571467
Toskanische Kost mit süditalienischem Einschlag. Nicht große, aber überlegt ausgesuchte Weinkarte, hauptsächlich Toskaner, einige andere Italiener.

La Mescita
Pisa
Kleines Lokal nahe dem Markt auf der Piazza delle Vettovaglie. Viel mit Gemüse und Kräutern. Gute Schafs- und Ziegenkäse. Breite Palette von Weinen.

Il Montemagno
Montemagno Calci, Tel. 050/936245
12 km östlich von Pisa, doch wenn Sie Hunger haben und sparen müssen, lohnt sich der Abstecher. Frisches und vollwertiges Essen.

Die Pisa-Region

COLLINE PISANE

Die Pisaner Hügel, genauer gesagt die Hügel der Provinz Pisa, bilden eine Chianti-Unterzone. Die Vorstellung, daß ein Chianti (ein unweigerlich mit der Osttoskana, Florenz und Siena verbundener Name) aus der Küstenrepublik Pisa kommen soll, wird in Italien nicht allzu ernst genommen und Chianti Colline Pisane eher als Witz aufgefaßt. Zudem, oder vielleicht infolge dessen, sind die Winzer nicht gerade überfleißig, lassen Weinberge verkommen oder erzeugen einfachste oder sehr mittelmäßige Weine. Die meisten weinbaulichen Entwicklungen in dem Gebiet sind von zugezogenen Nichttoskanern ausgegangen, auch wenn jetzt endlich einige der einheimischen Erzeuger Motivation zeigen. Dennoch haben die führenden Kellereien fast alle den hinderlichen Namen Chianti abgelegt und bezeichnen sich als Colli dell'Etruria Centrale, eine neuere, weitgespannte DOC, die ungefähr die ganze Chianti-Zone umfaßt.

Das Herzland der Zone mit seinen mineralreichen, harten Tonböden ist erstaunlich unbekannt, und abgesehen von Besuchern des Thermalbads Casciana Terme verirren sich relativ wenige Touristen hierher.

Die Weinberge

Nördlich von Volterra und der Zone Montescudaio liegen die Colline Pisane. Nach einem Buckel mit Zypressen rechter Hand tauchen einzelne Rebreihen auf, die traditionell Felder oder Besitzungen begrenzen. Nach ein paar Minuten passieren Sie La Sterza und dann eine Abzweigung nach Terriciola. Wenn Sie sich die östliche Hälfte des Gebiets anschauen wollen, fahren Sie hier geradeaus und über den Fluß in das Städtchen Peccioli, von wo es nur ein kurzer Weg zu Ghizzano ist. Ansonsten biegen Sie links ab nach Terriciola und seinem ansprechenderen Hinterland, mit dem das Herzstück der Colline Pisane anfängt.

Durch das Dorf und über den Hügelkamm geht es weiter nach Morrona. Sie kommen an der Kellerei Badia di Morrona vorbei und zu einem Aussichtspunkt mit Blick auf die Kirche und die besten Weinlagen. In Minutenschnelle sind Sie in Soiana, einem weiteren winzigen Dörfchen und Stammsitz des besten Weinguts in den Pisaner Hügeln, das Bruno und Elyane Moos gehört. Von dort fahren Sie hinunter Richtung Ponsacco und zweigen links nach Lari ab. Sie überqueren in rascher Folge drei Hügelrücken, jeder beherrscht von einstigen Feudalgütern, bevor Sie hinter Livorno Küstenluft schnuppern. Die Serpentinen der ersten Steigung auf der steilen Straße nach Lari eröffnen prachtvolle Blicke über terrassierte Weinberge. Soiana liegt oben vor Ihnen und Lari mit seinem Kastell zur Rechten. Von Lari aus geht es steil bergab und dann wieder bergan nach Crespina, von dort abermals rasch ab- und wieder aufwärts nach Fauglia, vorbei am Weingut Uccelliera, dessen Produktionsanlagen an der Straße im Tal liegen.

Numero Undici
Machen Sie es wie die Pisaner und nehmen Sie auf dem alten Markt eine Crêpe oder eine Gemüsetorte, etwas Salami oder *lasagne*. Billig, fröhlich und überraschend gut. Kein Telefon.

Osteria dei Cavalieri
Pisa, Tel. 050/580858
Zwangloses, freundliches, modern aufgemachtes Lokal. Gutes Weinsortiment.

Ganz links, links und unten: *Das pulsierende Leben an der Küste findet seinen Kontrast in der Ruhe der Pisaner Berge.*

Lo Schiaccianoci
Pisa, Tel. 050/21024
Sehr guter Ruf. Auswahl von Fisch- und Fleischspeisen. Hochwertige Zutaten, mit leichter und origineller Note zubereitet. Großartige Weinkarte.

Sergio
Pisa, Tel. 050/580580
Das erste Haus am Platze. Teuer, aber angemessen. Hauptsächlich Fisch, jedoch auch «Landgerichte».

Il Tartufo
Livorno, Tel. 0586/884735
Wie der Name sagt, gibt es hier Trüffel, wo es nur geht, vor allem mit *pasta* und *gnocchi*. Ansehnliche Portionen.

Unten: *Palazzo dei Cavalieri, Pisa.*

FEINKOSTGESCHÄFTE

Zentraler Markt *(Livorno, Scali Sassi)* – Große Vielfalt und Fülle.
Markt *(Pisa, Piazza delle Vettovaglie)* – Gut für Obst und Gemüse, aber auch Fleisch, Fisch, *salumi*, Brot, Käse u.a.

Pasticceria Salza
Pisa, Borgo Stretto 44/46
Berühmt für Back- und Süßwaren. Großartiges Eis. Auch leichtes Mittagessen.

Gastronomia Simi
Pisa, Via San Martino 6 und
Gastronomia Gratin
Pisa, Via Crispi 66
Beides hervorragende Feinkostläden mit guten Fertiggerichten, einige davon pisanische Spezialitäten.

Von hier aus fahren Sie hinüber nach Torretta. Geradeaus kommen Sie nach Livorno, oder Sie fahren südlich nach Rosignano Marittima, von dort hinüber ans Meer und auf der begeisternden Küstenstraße zurück nach Norden. Anders als die sandigen Urlauberstrände weiter südlich ist die nördliche livornesische Küste schroff und felsig.

LIVORNO

Livorno ist eine große Hafenstadt, und die übliche Heruntergekommenheit des Hafenviertels hat auch auf andere Stadtteile übergegriffen. Anziehungspunkte sind die Fortezza Vecchia und die Fortezza Nuova. Letztere, 1590 gebaut, ist nur noch ein Schaustück, aber die Kanäle ringsum werden nach wie vor benutzt. Ganz in der Nähe liegen Ardenza und Argignano, elegante Seebäder, wo die Livorneser der Stadt entfliehen.

PISA

Pisa ist nur 15 Autominuten von Livorno entfernt. Die Zufahrtsstraßen sind vielleicht trostlos und die Beschilderung chaotisch, aber die zentrale Piazza del Duomo oder Piazza dei Miracoli, die Millionen Touristen und Milliarden Lire anzieht, ist wirklich ein Wunder. Einerlei, wie viele Photos Sie davon gesehen haben, wie oft Sie schon da waren und wie viele Touristen herumwimmeln, der Schiefe Turm mit Dom und Baptisterium begeistert immer wieder neu.

Oben: *Mithilfe von einseitig angebrachten Gewichten versucht man nun den Schiefen Turm von Pisa vor dem Umfallen zu bewahren.*

Links und ganz links unten: *Die Hafenstadt Livorno ist ein wichtiger Handelsplatz. Die Livorneser versuchen dem Trubel durch die Flucht in die nahen Erholungsorte Ardenza und Argignano zu entgehen.*

Es ist wahrscheinlich ganz gut, daß Besucher den Turm nicht mehr besteigen dürfen. Von der schmalen, steilen Wendeltreppe, die Tausende von Füßen abgetreten haben, auf die schiefe Plattform des Glockenstuhls zu treten, wo Sie nichts mehr vom Erdboden unten trennt, ist kein angenehmes Gefühl. Beim jüngsten der vielen Versuche, den Turm aufzurichten, hat man den Boden auf der einen Seite mit großen Gewichten beschwert – und bis jetzt meßbare Erfolge damit erzielt. Die stattlichen Gebäude beiderseits des Bogens, den der Arno durch die Stadt beschreibt, erzeugen eine geschützte Atmosphäre. Die Plätze sind phantastisch, die Kirchen majestätisch; ein gutes, aber teures Pflaster für Einkäufe, das Zentrum ist kompakt und lebhaft.

Genossenschafts-Verkaufsstelle
Mortellini, Via Aurelia Sud 7 (nahe der Autobahnausfahrt Pisa Sud).
Käse, Fleisch, Aufschnitt, Honig u.v.a. von guter Qualität. Das meiste kann auch in dem Restaurant daneben verzehrt werden (Re di Puglia).
Da Cecco *(Livorno, Via Cavaletti)* und **La Torteria Gagarin** *(Via del Cardinale)* Die Orte für *farinata* oder *cecina*, ein knuspriges Brot aus Kichererbsenmehl.

EMPFOHLENE ERZEUGER

Bruno & Elyane Moos
Tel. 0587/654180
Nach längerer Zeit in Übersee erfüllte sich der italienische Schweizer Moos seinen Traum, Winzer zu werden. Mit seiner französisch-kanadischen Frau erzeugt er ganz verschiedene Sorten, wobei er hauptsächlich mit Sangiovese arbeitet, aber auch mit der seltenen französischen Traube Viognier, mit Syrah, Merlot, Cabernet und Malvasia nera. Soianello ist die Bewährungsprobe: 2/3 Sangiovese mit einem Potpourri anderer roter Trauben, langsam reifend, muskulös und edel; Fontestina ist 100% Sangiovese. Produziert winzige Mengen.
Tenuta di Ghizzano
Tel. 0587/630096
Gehört der Adelsfamilie Venerosi Pesciolini. Am bekanntesten für den Sangiovese-Cabernet-Verschnitt Veneroso.
Badia di Morrona
Tel. 0587/658505
Großes, vorzüglich gelegenes Weingut. Sehr interessante Weine sind allmählich das Ergebnis.

MASSA – CARRARA

RESTAURANTS

Carrara hat mehr gute *trattorie* als vornehme Restaurants. An der Küste gibt es unzählige gute Restaurants, hier einige der besten.

Cybo
Massa, Tel. 0585/830703
Abends eine regelrechte *enoteca* mit empfohlenen Verkostungen. Degustationsmenü, bei dem es zu jedem Gang einen anderen Wein (im Glas) gibt.

La Darsena
Viareggio, Via Coppino 8
Tel. 0584/392785
Relativ unberührt vom Touristenstrom. Zu Mittag am besten; am Abend feiner und teurer. Weine aus Montecarlo und von entfernteren Gebieten.

L'Enoteca
Carrara, Tel. 0585/634420
Im Erdgeschoß Theke, *enoteca* und Tische für das Mittagessen; der etwas feinere Keller ist für Abendessen bestimmt. Faszinierende Weinkarte.

Unten: *Massa ist eher eine Arbeiterstadt als ein Touristenort – mit sehr stolzen Einwohnern.*

Nördlich von Pisa

Fahren Sie von der Stadt nach Norden Richtung Küste und Riviera. Badeorte wie Viareggio und das schicke Forte dei Marmi gehen fast ineinander über. Der breite Sandstrand ist fein säuberlich in hotel- und gemeindeeigene Zonen aufgeteilt, jede nach Art und Farbe von Umkleidekabinen, Sonnenschirmen und Liegestühlen verschieden. Hotelstrände sind den Gästen vorbehalten; für die Gemeindestrände muß man eine Tages- oder Halbtageskarte lösen. Hin und wieder gibt es «öffentliche» Strandabschnitte ohne jede Ausstattung, aber umsonst (Lido di Camaiore etwa).

Der Hauptgrund, mit diesem Streifen der Region Bekanntschaft zu machen, ist der Besuch der Weingebiete Candia dei Colli Apuani und Colli di Luni.

CANDIA DEI COLLI APUANI

Nehmen Sie die Küstenstraße, und wenn Sie vom Badeparadies genug haben, zweigen Sie auf eine der größeren Straßen landeinwärts zur Aurelia ab. Nördlich von Forte dei Marmi kommen Sie in die Provinz Massa und offiziell in die Zone Candia dei Colli Apuani, die die Apuanischen Alpen zu Ihrer Rechten umfaßt. Die Weine sind weiß, in erster Linie aus Vermentino, mit zehn bis 20 Prozent der

einheimischen Traube Albarola. Es gibt insgesamt nur etwa 20 Hektar Rebfläche, so daß Sie schon in dem Gebiet essen oder übernachten müssen, um sie überhaupt zu bemerken. Vor Massa selbst gibt es ganz wenige Weinberge, und die Malaspina-Burg beherrscht das Bild. Die mächtige Familie Malaspina kam durch Wegzölle zu Reichtum.

Oben: *Der Marmorreichtum in der Umgebung von Carrara ist fast unbegreiflich.*

Unten: *In den Bergen um Carrara findet man überraschenderweise immer wieder ein paar kleine grüne Flecken mit Rebstöcken.*

Massa macht den Eindruck einer geschäftigen und wohlhabenden Stadt. Gleich hinter Massa sind die Hügel mit Rebparzellen bedeckt. Bald darauf verschwinden die Reben wieder, und weiß in der Sonne schimmernd tauchen die Marmorbrüche von Carrara auf.

COLLI DI LUNI

Carrara ist eine emsige Industriestadt. Das geschichtliche Andenken des Marmorabbaus und -handels wird nirgends gepflegt. Gleich hinter Carrara fangen die Colli di Luni an. Rotweine werden zu ungefähr zwei Dritteln aus Sangiovese, Weiße aus Vermentino, Trebbiano und anderen Sorten oder bloß aus Vermentino bereitet. Der Großteil der Zone liegt in der benachbarten Küstenregion Ligurien, der kleine toskanische Teil befindet sich im Landesinnern. Fast sofort weisen Schilder zu der Ausgrabungsstätte von Luni linker Hand. Dies war die ursprüngliche römische Marmorstadt (heute in Ligurien), und das Umland heißt immer noch die Lunigiana. Fahren Sie nach etwa fünf Minuten rechts und hoch nach Fosdinovo, dem Zentrum der toskanischen Colli-di-Luni-Produktion.

Fosdinovo, der nördlichste Teil der Route, liegt 500 Meter über dem Meer, und ähnlich hoch verläuft auch ein Großteil der Straße zurück nach Carrara durch die Hügel. Das meiste Land ist bewaldet, aber es gibt auch Terrassenanlagen und sogar ungemörtelte Steinmauern. Nach ungefähr 20 Minuten Abfahrt nach Carrara tauchen ein paar Rebflächen auf (jetzt wieder Candia dei Colli Apuani). Nach Massa ist dann die nächste Station Lucca.

Gargantou
Avenza, 4 km vom Stadtzentrum Carrara.
Familienbetrieb, einfach und herzlich. Traditionelle örtliche Gerichte. Kein Telephon.

L'Oca Bianca
Viareggio, Tel. 0584/388318
Vornehmes Speisezimmer mit Panoramablick aufs Meer. Extrem gepflegte Speisen und entsprechend erstklassige Weinkarte. Teuer.

Osteria del Borgo
Massa, Tel. 0585/810680
Sehr typische lokale Speisen. Gesamtitalienische Weinkarte.

ENOTECHE

Di Vino in Vino
Viareggio, Via Coppino 8
Italienische Weine, Spirituosen, Essig, *salumi*, Marmelade und Eingemachtes.

Il Puntodivino
Viareggio, Via Mazzini 229
Weinbar mit Essen im *Trattoria*-Stil.

Lucca – Florenz

LUCCA

Lucca ist noch heute ganz von seiner Stadtmauer umschlossen. Während sie vollkommen erhalten ist, weil niedrig, breit und massig, wurden andere alte Stadtmauern, die man höher, aber dünner baute, im Zuge der Ausdehnung der Städte im 19. Jahrhundert abgebrochen. Luccas Mauer wurde schon im 16. Jahrhundert angriffssicher neu gebaut, und seither hat niemand versucht, sie niederzureißen. Infolge dessen hat sich in Lucca sehr wenig verändert (noch weniger als in Siena), und jeder Stein spricht hier von Geschichte. Einst eine bedeutende Römerstadt, von der noch das Gittermuster der Straßen und die Piazza Anfiteatro zeugen, wurde Lucca im Mittelalter zur Hauptstadt der Toskana, bevor es seine Unabhängigkeit erlangte und bis 1799 ein eigener Stadtstaat war. Wirtschaftsgrundlage war das Bankwesen und der Seidenhandel. Heute ist es bekannter als führende Olivenölstadt der Toskana. Beim Essen braucht man hier deswegen nicht mehr auf die Linie zu achten.

Der Kern im Innern der Mauer ist klein und leicht in einigen Minuten zu Fuß zu durchqueren. Es gibt mehrere prachtvolle Kirchen, aber die schönste ist San Michele in der Stadtmitte auf dem einstigen römischen Forum. Lucca ist der ideale Stützpunkt für Fahrten in die Zonen Colline Lucchesi und Montecarlo.

LUCCA-REGION

HOTELS

In Lucca selbst ist eine Unterkunft schwer zu finden. Buchen Sie im voraus, oder bleiben Sie außerhalb der Stadt.

Universo
Tel. 0583/49 36 78
Entspannt und gemütlich.
La Luna
Tel. 0583/49 36 34
Piccolo Hotel Puccini
Tel. 0583/5 54 21
Klein, bescheiden, familiengeführt.

AGRITURISMO

Fattoria dei Maionchi
(siehe Empfohlene Erzeuger, S. 129)
Fattoria di Fubbiano
Tel. 0583/97 80 11 - 97 83 11
Fattoria Colleverde
Tel. 0583/40 22 62
Villa Lenzi
Tel. 0583/29 51 87

MONTECARLO

Montecarlo Rosso ist ein unauffälliger, mittelschwerer Rotwein, hauptsächlich aus Sangiovese, aber mit Canaiolo, Ciliegiolo, Colorino, Malvasia nera, Syrah, Cabernet und/ oder anderen Komponenten. Die Möglichkeiten beim Weißwein, die Trebbiano-Grundlage zu variieren, sind genauso vielfältig: Sémillon, Pinot grigio, Pinot bianco, Vermentino, Sauvignon, Roussanne kommen alle in Frage. Geschmacklich jedoch prägen sich diese Sorten nur selten aus. Die Winzer sind eher Anhänger der hochtechnisierten, leichten und festen Machart.

Montecarlo ist ein winziges Medici-Dorf auf einem kegelförmigen Hügel, um den herum die Rebflächen eine kompakte, ziemlich dicht bepflanzte Zone bilden. Von Lucca aus sind es etwa 20 Minuten dorthin. Nehmen Sie die Straße nach Altopascio (nicht die Autobahn). Biegen Sie gleich hinter dem großen Supermarkt rechter Hand bei Porcari rechts ab (Altopascio ausgeschildert), dann sofort wieder links nach Turchetto. Ein Schild weist Sie rechts nach Montecarlo. Sie fahren an der Fattoria del Buonamico zur Rechten vorbei. Am Ende des Anstiegs kommt oben eine Abzweigung, wo es rechts zum alten Dorfkern geht.

RESTAURANTS

Buatino
Lucca, Tel. 0583/343207
Beliebte, preiswerte *trattoria* mit einfacher Hausmannskost. Lokale Weine.

La Buca di Sant'Antonio
Lucca, Tel. 0583/578181
Großes, vielbesuchtes Restaurant. Toskanische Weinkarte.

I Diavoletti
Camigliano, Tel. 0583/929547
Trattoria, Pizzeria, Kneipe und Treffpunkt in einem. Volles Angebot italienischer Weine.

Erasmo
Ponte a Moriano, Tel. 0583/406362
Traditionelle *trattoria*. Hauswein oder örtlicher, u.a. toskanischer Wein.

Da Giulio
Lucca, Tel. 0583/55948
Spezialität sind dicke, nahrhafte Suppen. Auf den Tischen große Korbflaschen mit leichtem Rotwein.

La Mora
Lucca, Tel. 0583/406402
Rustikales Flair, doch sehr nobles Restaurant mit erstklassiger Küche. Abwechslungsreiche Weinkarte. Teuer.

Unten und links: *Die Dächer von Lucca und eine* pasticceria.

Rechts: *Die in jedem Herbst heiß ersehnten* funghi porcini *(Steinpilze)*.

Rechts unten: *Weinmüll.*

Links geht es hinunter an der Fattoria Michi (links) vorbei; fahren Sie weiter bis zur Straße Lucca-Montecatini und auf ihr zurück nach Lucca.

COLLINE LUCCHESI

Luccas niedrige Hügel erheben sich beiderseits des Serchio, der südwärts auf die Stadt zufließt. Es ist eine verhältnismäßig regnerische Zone, wo die feuchte westliche Meeresluft an den Hügeln emporsteigt. Theoretisch sollten die Rotweine aus Sangiovese ähnlich wie Chianti sein, nur weicher und fruchtiger, die Weißen aus Trebbiano und anderen Sorten leicht, frisch und lebhaft. Doch leider zeichnen sich die meisten Winzer mehr durch Begeisterung als durch Können aus, so daß viele Weine recht enttäuschend sind.

Die westlichen Hügel erblickt man nach einer halben Stunde. Verlassen Sie Lucca auf der Straße nach Abetone, dann recht bald links Richtung Camaiore über den Serchio hinweg. In fünf Minuten sind Sie in Cappella. Rechts sehen Sie die ordentlichen Reihen der Weingärten von Le Murelle. Machen Sie kehrt, und fahren Sie an der dritten Brücke rechts über den Freddana-Bach nach Mutigliano. Kurz vor der Kirche rechts biegen Sie links ab und gondeln talwärts nach Monte San Quirico und zurück nach Lucca.

La Nina
Montecarlo, Tel. 0583/22178
Grillfleisch ist die Spezialität. Im wesentlichen toskanische Weinkarte. Teuer.

Osteria del Vecchio Palazzo
Lucca, Ortsteil San Pancrazio
Tel. 0583/579131
Restaurant mitten im Weinberg. Ungewöhnliche, erfrischende Speisen.

FEINKOSTGESCHÄFTE

Markt *(Lucca, Piazza Anfiteatro)* – Mittwoch und Samstag

Pasticceria Pinelli
Lucca, Via Beccheria 28
Traditionelle Desserts und Kuchen.

L'Antica Bottega del Prospero
Lucca, Via Santa Lucia 13
Breite Auswahl von Eingemachtem, ferner Körner, Hülsenfrüchte, Kräuter u.a.
Bar-Pasticceria Alessandro Paolinelli *Piaggione, 11 km von Lucca*
Die typischen Luccheser Leckereien aus Kastanienmehl sind die Reise wert.

ENOTECHE

Mindi
Montecarlo, Ortsteil Turchetto
Weine aus der ganzen Welt, ferner Öl, Honig, Marmelade und Eingemachtes.
Petroni
Lucca, Via Beccheria 30
Kundige Auswahl lucchesischer Weine, dazu viele aus dem übrigen Italien.

EMPFOHLENE ERZEUGER

Fattoria del Buonamico
Tel. 0583/22038
Montecarlos repräsentativstes Weingut: am bekanntesten Rosso di Cercatoio und der fette Weiße Vasario.
Le Murelle
Tel. 0583/394487
Chardonnay wie Sauvignon sind sauber, konzentriert, wohlausgewogen. Agriturismo-Wohnungen.
Camigliano
Tel. 050/643739
Gekonnt bereitete Weine, v.a. weiße.
Fattoria dei Maionchi
Tel. 0583/978194
Prächtiges Landhaus und Garten. Ungemein trinkbarer Roter. Olivenöl.
Tenuta di Valgiano
Tel. 0583/40227
Neues Gut mit Luccas bestem Roten: jugendlicher Rosso di Palistorti.

Den besten Blick auf die östlichen Hügel haben Sie, wenn Sie Lucca nördlich Richtung Abetone verlassen. Zweigen Sie rechts ab auf ein winziges Sträßchen nach Pescia. Nach wenigen Minuten sehen Sie die Kirche San Pancrazio links gegenüber und die Weingärten von La Badiola. Die meisten Aussichten jedoch bieten sich rechts, wo Sie von der hoch verlaufenden Straße aus auf ein Amphitheater von Reben und Oliven hinabschauen. Gleich hinter Matraia kommt rechts ein Parkplatz mit Blick übers ganze Land. Die rosa Gebäude unten rechts gehören zur Fattoria Colleverde, die einen Berater aus Piemont hat. Nach ungefähr zehn Minuten langsamer Fahrt nehmen Sie die Rechtsabbiegung zu Camigliano. Schauen Sie sich unbedingt die großartige Villa Torrigiani an, bevor Sie wieder links nach Tofori abzweigen. Sie passieren rechts die Fattoria Maionchi, von wo Schilder zur Fattoria di Fubbiano führen. Von hier aus geht es in die Zone Bianco della Valdinievole.

Oben links: *Weingärten in den Colline Lucchesi.*

Oben rechts: *Ein schönes Beispiel für Jugendstilarchitektur an der Fassade eines Palazzo in Lucca.*

Links: *Süße Genießer vor einer* gelateria *in Lucca.*

Rechts: *Dieser Käseladen bietet auch Brot und Wein.*

BIANCO DELLA VALDINIEVOLE, BIANCO DELL'EMPOLESE

RESTAURANTS

Cecco
Pescia, Tel. 0572/477955
Solides Restaurant mit guten, traditionellen Gerichten. *Fagioli*, Spargel (nach Jahreszeit), *ravioli* mit Kalbsfüllung, *la fiorentina*, Eis mit heißer Beerensauce. Einfache Weinkarte.

Monte a Pescia
Monte a Pescia, Tel. 0572/476887
Jede Menge Fleisch, über offenem Feuer zubereitet, typische toskanische Gerichte.

La Romantica
Massa e Cozzile, Tel. 0572/601000
Klassische toskanische Speisen, mit Verve zubereitet. Kleine, aber überlegt zusammengestellte Weinkarte.

La Cantina
Monsummano Terme, Tel. 0572/53173
Gemütliche *trattoria*, geschmückt mit Weinfässern in allen Größen. Sehr schmackhafte traditionelle Speisen. Wildtopf ist das A und O. Trinken Sie den Hauswein oder eine Flasche aus den Regalen an den Wänden.

Cucina di Giovanni, Enoteca Giovanni
Montecatini Terme, Tel. 0572/71695
Verwirrenderweise ist die «Enoteca» das Restaurant, die «Cucina» die *trattoria*. Hier gibt es ganz einfaches, traditionelles toskanisches Essen mit einer guten Flasche Wein. Im Restaurant können Sie erleben, was sich aus einer toskanischen Grundlage mit ein bißchen Phantasie machen läßt. Umfangreicher Weinkeller.

La Panzanella
Empoli, Tel. 0571/78347
Lockere, freundliche *trattoria*, bekannt vor allem für ihre Zwischengerichte. Ausgesuchtes Weinangebot. Alles preiswert und angemessen.

FEINKOSTGESCHÄFTE

Pasticceria Bargilli
Montecatini Terme, Viale Grocco 2

Pasticceria Desideri
Montecatini Terme, Via Gorizia 5
In beiden Läden bekommen Sie das spezielle Naschwerk von Montecatini, *cialde*, gehackte Mandeln und Zucker in Waffeln.

BIANCO DELLA VALDINIEVOLE

Das Nievole-Tal verläuft am östlichen Rand dieses Gebiets, nicht durch sein Herzland um Cozzile. Weingärten begegnen einem wenig und wenn, dann gehäuft, doch es gibt ziemliche viele verwilderte Terrassen. Der Wein, hauptsächlich aus Trebbiano, ist leicht, lebhaft und manchmal ein wenig moussierend; das meiste wird von den Einheimischen getrunken. Es gibt auch einen Vin Santo. Das Anbaugebiet jedoch ist abwechslungsreich, ganz verschieden von anderen Teilen der Toskana und die paar Stunden, die man zum Anschauen braucht, durchaus wert.

Direkt von Lucca aus fahren Sie Richtung Pescia und stoßen an der Abzweigung Collodi auf die Route. Ansonsten verlassen Sie die Colline Lucchesi durch die prachtvolle, in Oliven schwimmende Landschaft von Petrognano und San Gennaro. Von dort nehmen Sie die Straße abwärts mit Blick auf die Wasserspeicher in der Ebene und folgen schließlich einem Schild nach Collodi.

Als nächstes geht es nach Pescia, das für seine Blumengärtnereien bekannt ist. Hier haben Sie die Wahl. Wenn Sie mutig sind, überqueren Sie den Fluß und biegen links ab Richtung Malocchio. Der Weg wird bald zu einer schmalen, ausgefahrenen, unbeschilderten Piste, aber falls Sie durchkommen, ist es eine hübsche Abkürzung nach Cozzile. Wenn Ihnen Naturschönheit und weite Sicht lieber sind, überqueren Sie den Fluß nicht, sondern fahren weiter nach Norden Richtung Vellano. Nach einem eher niedrigen Abschnitt (ähnlich Chianti Rufina) das schmale Flußtal entlang führt die Straße im Zickzack durch dichten Pinienwald empor. Vom nördlichsten Ende aus hat man schöne Aussichten über das tieferliegende Land. Sie können auch, 26 Kilometer entfernt, den 2000 Meter hohen Gipfel des Monte Cimone sehen.

Schlängeln Sie sich wieder talwärts durch Olivenland mit gelegentlichen Rebflächen nach Cozzile, Massa und bis zum Stadtrand von Montecatini. Dort fahren Sie links ab

Rechts: *Die wunderschöne Fassade des Palazzo Vescovile in San Miniato am Rande der Colline Pisane.*

Oben: *Eine alte Kirche in dem schönen Festungsdorf San Miniato.*

Links: *Altmodische Korbflaschen mit Bianco dell'Empolese.*

und abermals empor nach Vico und dann nach Serravalle Pistoiese, bevor Sie unter der Autobahn hindurch nach Monsummano gelangen. Dieser Weg verläuft durch den südlichen Sporn des Gebiets, der landschaftlich völlig anders ist: offen, eher flach und ziemlich intensiv bewirtschaftet.

BIANCO DELL'EMPOLESE

Zwischen Puntone und Stabbia fängt das Gebiet Bianco dell'Empolese an. «Empolis Weine» werden größtenteils aus Trebbiano bereitet, dazu etwas Vin Santo. Die Zone ist ausgedehnter als Valdinievole, aber die erwähnenswerten Weinberge konzentrieren sich um Fucechio im Süden. Bleiben Sie auf der Straße, und immer mehr Reben überziehen anmutig die geruhsamen Hügel, bis Sie in der Nähe von Fucechio vollkommen von ihnen umgeben sind.

Von Fucechio aus können Sie den Arno überqueren, um sich das mittelalterliche Juwel San Miniato am Rand der Colline Pisane anzuschauen, oder geradewegs nach Empoli fahren, einer großen Handelsstadt. Bei der Fahrt am Fluß entlang bilden die niedrigen Hügel Empolis den Hintergrund zur Linken, und nach einigen Minuten erstreckt sich rechts von Ihnen die Weinzone Colle Alberti.

VERANSTALTUNG

Trüffelmarkt *(San Miniato)* – Im November. San Miniato ist ein wichtiges Zentrum für weiße Trüffeln. Wenn Sie Genaueres wissen wollen, rufen Sie die Associazione Tartufai delle Colline Samminiatesi an: *Tel. 0571/42014.*

SEHENSWÜRDIGKEIT

Collodi – Die Mutter von Carlo Lorenzini, dem Verfasser von *Pinocchio*, wurde in Collodi geboren. Ihr zu Ehren schrieb Lorenzini unter dem Pseudonym Collodi. Der an ihn erinnernde Parco di Pinocchio ist ein wunderschöner Garten mit verschiedenen Skulpturen des langnasigen Antihelden.

THERMALBÄDER

Montecatini Terme
Reich geworden durch das weltberühmte Thermalbad, weiß die Stadt nicht, wohin vor lauter Geld, Glanz und Gloria. Das Bad selbst ist riesig und unglaublich elegant, mit Marmorboulevards vor den Anwendungsbereichen und großen Zeremonien um die Austeilung des Wassers.

Monsummano Terme
Breites Spektrum von Therapien, aber das Beste ist die unterirdische Grotta Giusti, wo heiße Quellen einen See im Erdinnern bilden.

EMPFOHLENER ERZEUGER

Fattoria di Montellori
Fucechio, Tel. 0571/242625
Das Weingut hat zahlreiche Parzellen: manche praktisch flach, manche in vortrefflicher Sonnenlage, manche in unmittelbarer Nähe, manche weit weg, bis Cerreto Guidi und Montalbano. Mit ständigen Neuerungen wird das Potential der Hügel Empolis ausgeschöpft. Sehr breite Palette charaktervoller Weine.

CARMIGNANO UND CHIANTI COLLI FIORENTINI

HOTELS

Artimino
Carmignano, Tel. 055/871 8081
Erstklassiges Hotel auf dem Weingut Artimino.

Hotel Hermitage
Poggio a Caiano, Tel. 055/21 2208
Komfortables, modernes Hotel. Große Zimmer, Swimmingpool.

RESTAURANTS

Da Delfina
Carmignano, Ortsteil Artimino
Tel. 055/871 8074
Elegantes, schön eingerichtetes Lokal mit Liebe zum Detail. Zutaten der Region und der Jahreszeit: reichlich Gemüse zur eher traditionellen Mahlzeit. Überlegt zusammengestellte Weinkarte. Nicht billig, aber das Geld wert.

Ovidio
Agliana, Tel. 0574/71 8065
Freundliche *trattoria*. Strikt traditionelle Kost nach der Jahreszeit. Gute Weinkarte und Ovidio selbst als Experte für den passenden Wein zu dem von Ihnen gewählten Essen.

La Limonaia
Pistoia, Tel. 0573/400453
Eigentlich in Gello, 2 km vom Stadtzentrum. In einem früheren Zitronenlager. Speisen auf Grundlage traditioneller Rezepte, aber mit ein paar moderneren Extras. Weine aus der ganzen Toskana.

Oavaldo Baroncelli
Prato, Tel. 0574/23810
Klein und fein. Auswahl traditioneller und neuerer Gerichte. Mit Bedacht ausgesuchte und preislich veranschlagte Weine. Recht teuer, aber angemessen.

Barni
Prato, Tel. 0574/20635
Weinhaus hinter Delikatessenladen. Kleine Auswahl einfacher, gut zubereiteter toskanischer Speisen.

Logli
Prato, Ortsteil Filettole, Tel. 0574/23010
2 km vom Zentrum in Olivenhügeln mit schöner Aussicht. Alteingesessenes, sehr beliebtes Restaurant, groß, rustikal und typisch, mit riesiger, hauptsächlich toskanischer Weinkarte und ergiebigen, schmackhaften Speisen.

CARMIGNANO

Carmignano ist eine kleine Zone, die im Nordosten von der Ebene von Prato und im Südwesten vom hohen Monte Albano begrenzt wird. Nach dem Berg benennt sich auch die Zone Chianti Montalbano, die Carmignano umgibt. Carmignano liegt im Regenschatten des Monte Albano und profitiert von der kühlen Luft, die seine Hänge hinabfließt und für die Trauben viel bessere Wachstumsbedingungen schafft als weiter westlich.

Der Wein, inzwischen DOCG, stammt aus einer der ältesten Zonen, festgelegt in einem Erlaß von 1716. Er war der erste DOC-Wein, bei dem Cabernet in dem ansonsten am Chianti orientierten Verschnitt zugelassen wurde.

Carmignano zeichnet sich durch seine große Eleganz und Finesse aus. Er beeindruckt eher durch Zurückhaltung als durch Wucht. Die besten (von nahezu perfekter Ausgewogenheit) halten sich Jahrzehnte, obwohl sie fast vom ersten Tag an trinkbar sind. Man erzeugt auch einen leich-

Rechts: *In der kleinen Ortschaft Carmignano findet man hübsche Blickpunkte wie diese Mauernische.*

teren Stil, der nach einer langen Medici-Grenzmauer in der Gegend Barco Reale di Carmignano heißt. Es gibt zudem einen *rosato* namens Vinruspo, ferner Vin Santo und den roten Vin Santo Occhio di Pernice.

Carmignano ist von Empoli oder Florenz aus gleich mühelos zu erreichen. In beiden Fällen fahren Sie Richtung Lastra a Signa oder Signa bis zur Ponte a Signa, einer wichtigen Brücke über den Arno. Sie überqueren bei Lastra den Fluß und fahren dann links auf einer schmalen Straße am Nordufer entlang. Folgen Sie nach etwa fünf Minuten einem Schild rechts zu Artimino. Hier fängt die Zone an. Die Straße windet sich durch gepflegte Reben sanft bergan zu dem von einer Mauer umschlossenen Dorf Artimino. Die Villa, früher ein Jagdkasino der Medici, mit ihrem Hotel- und Restaurantkomplex liegt unmittelbar vor dem Dörfchen. Von dort geht die Bummelfahrt durch eine friedvolle Weinlandschaft nach La Serra und weiter in das winzige Carmignano selbst, nahe der Weingärten von Il Poggiolo. Als nächstes steuern Sie Santa Cristina an.

Hinter Santa Cristina beginnt die Steigung an den pinienbedeckten Hängen des Monte Albano. Wenn Sie gerade die Zone zu verlassen meinen, kommt rechts eine Straße (auf den meisten Karten nicht eingetragen), die Sie nach Bacchereto bringt. Wenn Sie am Landhaus von Bacchereto

FEINKOSTGESCHÄFTE

Caffé Valiani
Pistoia
Guter Kaffee, gute Torten und verblüffende Örtlichkeit. Es befindet sich im Baptisterium der Kirche San Giovanni Fuoricivitas und hat noch Fresken an den Wänden und eine großartige Decke.

Panetteria Gastronomica Capecchi
Pistoia, Via Dalmazia 445
Nicht bloß viele Sorten Brot, sondern auch das typische einheimische Naschwerk (darunter *cantucci*) und fertige Delikateßgerichte.

Biscottificio Antonio Mattei
Prato, Via Ricasoli 20-22
Dort sollten Sie *biscotti di Prato* verzehren und vielleicht noch einen Kuchen mitnehmen.

Barni
Prato, Via Ferucci 24
Delikatessengeschäft mit enormer Auswahl. Dahinter ein Weinhaus

L'Arte del Cioccolato
Agliana, Via Provinciale 378
Der Name trifft's. Die mit Vin Santo gefüllten Pralinen sind traumhaft.

ENOTECA

L'Enoteca
Agliana, Via Provinciale
Große Auswahl aus ganz Italien und dem Ausland.

VERANSTALTUNGEN

Giostra dell'Orso *(Pistoia)* – Im Juli. Zeremonielles Turnierspiel mit 12 Rittern und einem (hölzernen) Bären.

Ganz oben: *Rustikaler Charme in Artimino.*

Oben links: *Die große Villa vor den Toren Artiminos* (links) *wurde von den Medici als Jagdhaus genutzt. Heute steht dort auch ein Hotel- und Restaurantkomplex.*

Ausstellung des Heiligen Gürtels der Jungfrau *(Prato)* – Der ungläubige Thomas glaubte erst an die Himmelfahrt Marias, als sie im Himmel ihren Gürtel abnahm und ihm reichte. Diese Reliquie blieb offenbar unversehrt, bis Kreuzfahrer sie in den Dom von Prato brachten, wo sie seit dem 12. Jahrhundert aufbewahrt wird. Der Gürtel wird fünfmal im Jahr zur Schau gestellt.

SEHENSWÜRDIGKEITEN

Poggio a Caiano – Prachtvolle Medici-Villa des 15. Jahrhunderts im palladianischen Stil, Garten mit Blick übers Dorf. Heute ein Museum.
Agliana – Stammsitz des Kaffeeunternehmens Trinci (Marke Tricaffé).

EMPFOHLENE ERZEUGER

Tenuta di Capezzana
Tel. 055/870 60 91
Geleitet von dem liebenswürdigen Grafen Ugo Contini Bonacossi und seiner Familie, produziert diese große Kellerei eine breite Palette vorzüglicher Weine, Olivenöl und Grappa. Capezzana beherbergt auch eine kulinarische Akademie.

Unten: *Eine kleine Ruhepause in einer ruhigen Bar in Pistoia.*

Ganz unten: *Das farbenprächtige Fries am alten Krankenhaus, einer der vielen Kunstschätze in dieser eleganten Stadt.*

vorbei sind (auf einem Abstecher nach links können Sie das Gut Capezzana sehen), folgen Sie der Straße durch die Hügel, erst bergan, dann zunehmend bergab. Florenz taucht vor Ihnen auf. Sie passieren eine winzige Kapelle zur Rechten, dann die Produktionsanlagen (rechts) und die Wohngebäude (links) von Capezzana. Schlängeln Sie sich die schmale Zypressenallee hinab, bis Sie zu dem rührigen, aber recht profanen Dorf Seano kommen.

PISTOIA

Pistoia, nur 20 Minuten von Seano entfernt, ist ein eleganter Ort mit feinen Läden und der leisen Geräuschkulisse einer ruhig ihren Geschäften nachgehenden Einwohnerschaft. Römischen Ursprungs und später als Finanzzentrum bedeutend, litt es unter seiner ungünstigen Lage zwischen den ewigen Kriegsgegnern Florenz und Lucca. Doch hinter den Toren seiner massiven Stadtmauer liegt die Piazza del

Links: *Die eindrucksvolle, grün und weiß gestreifte Kathedrale San Zeno in Pistoia.*

Artimino
Tel. 055/8792051
Riesiges Gut, dessen Weine in den letzten Jahren deutlich besser geworden sind. Produktionsschwerpunkt sind die Roten: Carmignano, Carmignano Riserva Medicea, Barco Reale, Chianti Montalbano und Comigoli, ein junger Wein im Chiantistil. Auch Vin Santo.

Il Poggiolo
Tel. 055/8711242
Recht feste, langsam reifende Weine. Neben Carmignano, Barco Reale, Vinruspo und Vin Santo wird auch Olivenöl erzeugt.

Fattoria Ambra
Tel. 055/8719049
Eine weitere Kellerei, die alles tut, um die Qualität ihrer Weine zu heben. Erzeugt hauptsächlich Carmignano, mit den Einzellagenversionen Le Vigne Alte und Vigna Santa Cristina a Pilli.

Fattoria Le Calvana
Montagnana, Val di Pesa, Tel. 0371/671073

Fattoria Sonino
Montespertoli, Tel. 0571/609198

Lanciola
Galluzzo, Tel. 055/212208

Duomo mit dem grünweiß gestreiften Dom San Zeno, dem Glockenturm und dem Baptisterium. In den Augen der Pistoieser hat ihre schöne Stadt mindestens so viele Sehenswürdigkeiten wie Florenz. Sie ist auf jeden Fall insofern attraktiver, als weniger Touristen auf ihren engen Gassen wimmeln und weniger Andenkenbuden die Auslagen mit italienischem Schick stören.

PRATO

Die Anfahrt führt durch ein trostloses Industriegebiet. (Die Straße über Montale gibt Ihnen Gelegenheit, die Tenuta di Bagnolo in Montemurlo zu sehen, Tel. 0574/652439.) In Prato herrscht die emsige Atmosphäre einer betriebsamen nördlichen Stadt. Sie ist seit dem 12. Jahrhundert berühmt für Textilien, nach wie vor der wichtigste Industriezweig. Fast genauso berühmt sind die *biscotti di Prato*, lange, knusprige Mandelplätzchen ähnlich den *cantucci*, die häufig in Vin Santo getunkt werden. Die massive Stadtmauer des mittelalterlichen Kerns und die trutzige Burg im normannischen Stil aus dem 13. Jahrhundert unterstreichen den Eindruck harter Arbeit.

GLOSSAR

Acquavite – Obstbranntwein, meist aus Trauben.

Affinamento – Lagerung frisch abgefüllten Weins vor dem Verkauf, um ihn etwas weicher werden zu lassen.

Alberese – Kalksteinboden, namentlich in den Weinbergen des Chianti Classico.

Alimentari – kleiner Lebensmittelladen.

Aurelia (Via) – die erste bedeutende Staatsstraße, die SS 1, gebaut von Mussolini. Verläuft an der Küste von Rom bis zur französischen Grenze. Mittlerweile gibt es eine «neue» und eine «alte» Aurelia, stellenweise auch parallel dazu eine Autobahn.

Autostrada – mautpflichtige Autobahn.

Azienda – Gut.

Azienda agricola, azienda agraria – Gut, das Wein aus den eigenen Trauben bereitet.

Azienda vinicola – Gut, das Wein aus angekauften Trauben bereitet.

Azienda vitivinicola – Gut, das Wein aus eigenen und angekauften Trauben bereitet.

Barrique – kleines Weinfaß aus neuer französischer Eiche; Volumen üblicherweise 225 l, manchmal 500 l. Bis zu drei Jahren im Gebrauch. Immer stärker im Kommen.

Botte (pl. botti) – traditionelles Weinfaß, meist aus slawonischer Eiche. Faßt 25 hl und mehr. Viele Jahre im Gebrauch.

Bruschetta (pl. bruschette) – toskanisches Röstbrot, mit Knoblauch eingerieben und mit Olivenöl getränkt; manchmal mit Tomaten, Schwarzkohl oder anderem belegt.

Cacioteria – lokaler Name für einen Käseladen.

Campanile – Glockenturm.

Cantina sociale (pl. cantine sociali) – Genossenschaftskellerei, manchmal auch nur gemeinsam genutzte Abfüllanlage.

Cantucci/cantuccini – harte, knusprige Kekse mit Mandelsplitter; werden in Vin Santo eingetunkt.

Caratelli – kleine Fässer, um die 50 l, zur Reifung von Vin Santo.

Casa colonica (pl. case coloniche) – traditionelle Häuser der Landarbeiter.

Cassia (Via) – die zweite wichtige Staatsstraße, die SS 2. Führt von Rom über Siena nach Florenz (siehe auch Aurelia).

Chiantigiana – Straße quer durch das Chianti Classico.

Classico – das klassische Herzland einer Weinzone; Classico-Weine sind im allgemeinen besser als normale.

Colli (sing. colle) – Hügel.

Colline (sing. collina) – kleine Hügel.

Comune – Gemeinde; kleinste geographische Selbstverwaltungseinheit.

Consorzio (pl. consorzi) – freiwilliger Zusammenschluß zur Interessenswahrung seiner Mitglieder; kontrolliert die Einhaltung der Vorschriften und fördert die Vermarktung des Weins.

Cru – inoffizielle, aber häufig verwendete Bezeichnung für einen Wein von einer bestimmten Lage.

Enoteca (pl. enoteche) – Weinhandlung; steht oft auch für Weinbar oder Weingeschäft mit Verkostungsmöglichkeit. Die offizielle, aber selten gebrauchte Bezeichnung «Enoiteca» bedeutet Weinhandlung mit Proben.

Fagioli – weiße Bohnen.

Farro – Dinkel; wird in Suppen und Vorspeisen verwendet.

Fattoria – Bauernhof oder Weingut.

Fiaschetteria – alter Florentiner Name für Weinhandlung.

Fiasco (pl. fiaschi) – Korbflasche.

Frantoio – Olivenölmühle, Ölpresserei.

Frazione – Ortsteil mit eigenem Namen.

Frizzante – leicht perlend.

Fiume – Fluß.

Galestro – Ton-Schiefer-Boden, wichtig für die Weinqualität im Chianti Classico.

Gastronomia – Delikatessengeschäft, verkauft auch fertige Speisen.

Governo – traditionelle, fast schon verschwundene Weinbereitungsmethode, die derzeit ein Comeback feiert. Ein Teil der Trauben wird zurückbehalten und dem gerade vergorenen Wein zugefügt, um den Gärprozeß erneut in Gang zu setzen. Sehr umstritten.

Grappa – Branntwein aus Trester.

La Fiorentina – großes T-Bone-Steak, reicht meist für zwei Personen.

Località – Ortsteil, kleine Ortschaft, wie *frazione*.

Macelleria – Metzgerei.

Macerazione – Eintauchen der Traubenschalen in den Most.

Mercatino – Flohmarkt.

Mercato – Markt.

Mezzadria – Halbpachtsystem.

Panetteria – Brotgeschäft.

Passito – Wein aus getrockneten oder halbgetrockneten Trauben.

Pasticceria – Konditorei.

Pecorino – Schafskäse.

Pizzicheria – Florentiner Name für Delikatessengeschäft.

Podere (pl. poderi) – kleiner Bauernhof, Parzelle.

Provincia – Provinz, Verwaltungseinheit zwischen Region und Gemeinde.

Quintale (pl. quintali) – Doppelzentner.

Regione – Region, größte italienische Verwaltungseinheit. Die Toskana ist eine von 20 Regionen.

Resa – Ertrag an Traubenmost, ausgedrückt als Prozentsatz vom Traubengewicht; meist 70 Prozent.

Ribollita – lang gekochte Gemüsesuppe, mit Brot angedickt.

Riserva – Wein, meist von einem besseren Jahrgang oder einer besonderen Traubenauslese; länger gealtert als normaler Wein. Die Mindestalterung ist gesetzlich vorgeschrieben und differiert von Wein zu Wein.

Salumeria – Geschäft, das *salumi* (siehe unten) verkauft.

Salumi – geräuchertes Fleisch: Salami, Schinken usw.; gelegentlich auch Fisch (Salzheringe, Sardellen und ähnliches).

Sformato – Gemüseauflauf, oft als Beilage zum Hauptgericht serviert.

S. P. – *strada provinciale*, Provinzstraße. Jede Provinz hat ihr eigenes Nummernsystem.

S. S. – *strada statale*, Staatsstraße. Nummernsystem für ganz Italien.

Superstrada – zweibahnige, mautfreie Schnellstraße.

Torrente – kleiner Bach, oft nicht mehr als ein Rinnsal, aber mit gelegentlichem Hochwasser.

Varietà – Traubensorte.

Vendemmia tardiva – Spätlese.

Vin Santo – ein (zumeist) süßer Wein aus drei Monate lang getrockneten Trauben.

Ortsverzeichnis

Index

Anmerkung: Bei Hotels, Restaurants, Feinkostgeschäften und *enoteche* werden die Orte in Klammern angegeben.

BILDNACHWEIS

Jason Lowe 9 oben, 12 unten links, 13 unten rechts, 44, 53, 68 oben, 73 unten, 76 unten, 78 oben rechts, 98/99, 100 unten, 101 oben, 102, 103, 104/105, 106 Mitte, 106 unten, 108, 109, 110/111, 111 oben, 112 unten, 113 unten, 115, 116/117 oben, 117 oben rechts, 120, 121, 122/123 oben, 122 unten links, 123 unten, 125 oben links, 125 oben rechts, 127 unten rechts, 128 unten, 128 oben links, 129 unten, 131, 132, 133 Mitte, 134/135 oben, 134 unten links, 134 Mitte links .

Reed International Books Ltd/Michael Boys 43, 74, 75 oben, 76/77 oben, 93 oben, **/Alan Williams** 2, 14/15 unten, 22/23, 25 oben, 27, 29 unten, 34, 36/37 oben, 39, 45 oben rechts, 45 oben links, 48/49 unten, 56 unten, 57 unten, 65 Mitte, 70, 83, 94 oben, 95 oben, 96, 106/107 oben, 114, 117 unten rechts, 133 oben.

John Ferro Sims 3, 5, 7, 8/9, 10, 12/13 oben, 12/13 unten, 14 oben, 15 oben, 16, 17, 18/19, 20, 21, 24/25, 26, 28, 29 oben, 30/31, 32/33, 35, 36 unten, 38, 40/41, 45 unten rechts, 46 unten links, 46/47, 48 oben links, 49 oben, 50/51, 54/55 oben, 55 unten rechts, 56/57 oben, 58, 59, 60/61, 62/63, 64, 65 oben, 65 unten, 66, 67, 68/69, 71, 72, 73 oben, 78 unten, 78 oben links, 79, 80/81, 84, 86/87, 88, 89, 90/91, 92 oben, 92 unten links, 92/93 unten, 93 unten rechts, 94 unten, 95 unten, 97, 100 oben, 101 unten, 107, 110 unten links, 111 Mitte rechts, 112 oben, 113 oben, 118, 119, 122 Mitte links, 123 oben rechts, 124, 125 unten, 126 links, 126/127 unten, 127 oben rechts, 128/129 oben, 130, 133 unten, 135 oben rechts.

Dank

Für Dritte sind Danksagungen selten besonders interessant, und manchmal habe ich mich gefragt, warum Autoren ihren Dank nicht persönlich abstatten und es dabei bewenden lassen. Bei all dem berücksichtigte ich allerdings nicht, welch unschätzbaren Wert die Hilfe anderer beim Schreiben eines Buches hat, ja wie diese das scheinbar Unmögliche erst möglich machen und dabei nicht zuletzt den Autor moralisch aufrüsten. Ich war immer wieder überrascht und erfreut, wie viele Menschen gern bereit waren, ihre Zeit und ihre Sachkenntnis zur Verfügung zu stellen, und das oft sehr kurzfristig und ohne jeglichen Gewinn an der Sache. Es ist eigentlich undenkbar, eine solch großartige Unterstützung nicht kundzutun und gleichzeitig gebührend zu würdigen. Deshalb bedanke ich mich herzlich bei:

Ursula Thurner vom Consorzio del Marchio Storico, die alles ins Rollen brachte, die Richtung bestimmte, den Rahmen absteckte, die zeitliche Planung und Durchführung unermüdlich mit mir koordinierte und mir immer wieder wertvolle Hinweise gab;
Bruno und Elyane Moos, denen ich die Wochenenden ruinierte, bis sie völlig erschöpft waren, die aber dennoch gute Miene zum bösen Spiel machten – und nie aufgaben. Sie waren es auch, die all die Adressen ausfindig machten. Ich weiß nicht, was ich ohne sie angefangen hätte;
Christine, die dem ganzen Projekt erst zu einer gefälligen Form verhalf und dafür eigentlich mit Dank überschüttet werden müßte. Statt dessen darf sie zur Belohnung wieder nach Livorno fahren, weil sie den kürzeren gezogen hat;
Liz, die auf die Weinproben, die sie sich erhofft hatte, verzichtete, nur um all die promillefreien Angelegenheiten zu erledigen, und die trotzdem Freude in die ganze Plackerei brachte;
Giuseppe Mazzocolin, der von mir mit zahllosen Faxschreiben bombardiert wurde, die er dennoch alle beantwortete. Dreimal hintereinander schaffte ich es, ihn nicht zu besuchen, und er hatte auch noch das Pech, Material für mich beibringen zu müssen. Er war schlicht unersetzlich;
Francesco Giuntini, der fürchterlich ungehalten darüber sein wird, hier nicht an erster Stelle erwähnt zu werden, den aber zumindest besänftigen sollte, daß er in einer Reihe steht mit
Ugo Contini, der nicht mit der Wimper zuckte, wenn ich wieder einmal kurzfristig auftauchte, und der mir in seiner charmanten und überzeugenden Art einen Schnellkurs über Carmignano gab;
Faith Heller-Willinger, deren telephonische Ratschläge und Unterstützung die toskanische Küche in ein neues Licht rückte;
Franca Spinola, der Präsidentin der Camera di Commercio IAA di Grosseto;
Roberto Saletti, Camera di Commercio IAA Grosseto;
Giacomo Regina, Camera di Commercio IAA Grosseto;
Valter Nunziatini, Amm. Reg. Provincia di Grosseto;
Giovanni Prisco, AIS;
Paolo Solini, Consorzio Vino Nobile di Montepulciano, der ein enormes Detailwissen an den Tag legte;
Stefano Campatelli, Consorzio Brunello di Montalcino, als einem stets bemühten, detailgenauen und begeisterten Helfer, der zudem über die seltene Gabe verfügt, an einer schwierigen Aufgabe, um die ihn niemand beneidet, offensichtliche Freude zu haben;
Marie-Sylvie Haniez-Melosi, Movimento Nazionale del Turismo di Vino, die mir nicht nur einige unendlich wichtige Hinweise gab, sondern mir gemeinsam mit ihrem Gatten Roberto einen der unterhaltendsten Abende bereitete, die ich seit langem in Italien erlebt habe;
Paolo Valdastri, einem wirklichen Lebensretter in Livorno;
Angelica Faguioli, die mich über San Gimignano aufklärte;
Maria Pia Maionchi, für ihre erholsame Gastfreundlichkeit und die umfassende Information über Lucca;
meinen Eltern, die schon wissen, warum;
und all den Gamberi und Arcigolosi, die mir – ohne ihr Wissen – den Weg zu den guten Essensplätzen und Speisen wiesen, und all den anderen Menschen, die mir – wissentlich oder nicht – weiterhalfen.
Vor allem aber ein großes Dankeschön an Stephanie für ihre redaktionelle Unterstützung, von der ich schon so oft gehört, sie aber noch nie kennengelernt hatte, und an Sue, die so wunderbar in die Bresche sprang.